Dans la tête du tueur

Jean-François Abgrall
en collaboration avec Samuel Luret

Dans la tête du tueur

Sur les traces de Francis Heaulme

Albin Michel

Ouvrage dirigé par Lise Boëll

Avertissement

Pour la commodité de la lecture, la logique chronologique de l'enquête a été respectée. Toutefois, seuls les procès-verbaux, rapports et documents divers rendus publics lors de sessions de cours d'assises ont été utilisés pour rédiger ce récit.

Première partie

La traque

1

Le Moulin Blanc

Le dimanche 14 mai 1989 est une de ces longues journées ensoleillées qui rendent les permanences ennuyeuses. Ce week-end marque la fin d'une semaine d'astreinte à la section de recherches de Rennes.

Les bureaux sont vides, les téléphones muets. Le temps passe doucement entre la machine à café et les quelques messages faxés qu'il faut aller chercher à la salle radio. Les nouvelles n'ont rien de bien transcendant : des cambriolages éparpillés sur toute la Bretagne qu'il faut éventuellement relier entre eux, des avis d'interpellations pour vols de voitures, des bagarres, deux ou trois cas d'exhibitionnisme. Les premiers beaux jours réveillent souvent ceux que l'hiver avait assoupis.

Pour tromper l'ennui, je relis quelques procédures et programme mes prochains déplacements. Je dois me rendre à Nantes pour participer à une série d'interpellations dans une affaire de trafic de stupéfiants. Ensuite, si tout se passe bien, je rejoindrai Saint-Brieuc. La brigade de recherches (BR) locale a sollicité le concours de notre section sur une série de vols à main armée. La journée s'étire.

17 h 10 : un message urgent tombe sur le télex. Un meurtre vient d'être commis sur la plage du Moulin Blanc, au Relecq-Kerhuon, près de Brest. Le corps d'une femme, Aline, âgée de 49 ans, tuée à coups de couteau, a été découvert par des promeneurs au beau milieu de la plage. Au beau milieu de la plage... Curieux. D'autant que cet endroit, c'est un peu chez moi. J'ai habité à proximité durant cinq ans. C'est un lieu sans histoires, où les familles se promènent, particulièrement le dimanche. Étrange endroit pour commettre un meurtre.

Le message n'en dit pas plus. Il me faut d'autres informations. La plupart des homicides commis dans la région sont traités par notre groupe. Je vais sans doute devoir assurer la direction de l'enquête.

J'appelle la brigade locale. Je la connais bien. L'an passé, nous sommes déjà intervenus dans son secteur pour les assassinats d'un chef d'entreprise et d'un ostréiculteur. Le gendarme de permanence ne sait pratiquement rien des faits. Il m'informe que plusieurs équipes sont déjà sur place.

17 h 15 : Joseph, dit « Jop », mon coéquipier du moment, est introuvable. Cette figure de la section de recherches (SR) de Rennes, responsable du groupe Délinquance itinérante, parle aussi bien breton que manouche. À quelques semaines de son départ à la retraite, pressentant une permanence paisible, il s'est accordé un petit voyage dans le sud du Finistère, histoire de voir je ne sais quel « agent de renseignements » connu de lui seul. Parti sans laisser ses coordonnées... J'ai compris le message.

Dans le parc automobile de la SR, la Peugeot 305 du commandant est ce qu'on a de mieux. Les vieilles voitures à finir sont régulièrement affectées au service car il paraît que nous roulons trop. L'avantage, sa couleur grise. Elle pourra toujours servir de véhicule banalisé. Je roule vite. Les deux cents kilomètres défilent. S'ils me voyaient, les vieux flics me ressortiraient leurs phrases toutes faites, du genre : « Ne t'énerve pas, ton mort ne va pas s'envoler, prends ton temps... » Mais la réalité est bien différente, je le sais. L'enquête est une machine à remonter le temps. L'assassin était à proximité de la plage vers 17 heures. Il faut arriver le plus rapidement possible pour éviter que tout ne disparaisse. Les indices sont souvent éphémères.

18 h 50. La route me mène droit au parking de la plage. C'est l'endroit où les véliplanchistes s'équipent toute l'année, par tous les temps, là où les promeneurs s'arrêtent pour regarder la mer, où l'on marche un peu histoire de faire un tour, là où les enfants viennent se baigner. C'est un lieu très fréquenté. La plage s'étend sur plus de un kilomètre. Elle est bordée par l'une des routes qui mènent à Brest. Elle déroule lentement son étendue de sable, depuis le port de plaisance du Moulin Blanc jusqu'à la pointe des Sables Rouges. Près du parking, des galets ont remplacé le sable. Je sais que cet endroit plus disgracieux n'accueille pas les mêmes plagistes que la partie sablonneuse. Les personnes plus âgées aiment s'y rendre, évitant ainsi les regards moqueurs lorsqu'elles se mettent en tenue de bain. Ici, on est plus tranquille et les habitués se connaissent de vue.

Si le soleil des premiers beaux jours donne un petit air de vacances, je sens pourtant la scène du crime toute proche. Bientôt, j'aperçois des voitures de gendarmerie et reconnais plusieurs collègues. Sur la plage, le corps de la victime est encore là, couvert d'un drap blanc. Elle semble abandonnée, allongée, comme par erreur, parallèle à la mer. J'aperçois des traces de lutte, foulées sans précaution par un gendarme. J'espère qu'elles ont été photographiées. D'autres indices s'évaporent sous mes yeux : à l'horizon, des promeneurs s'en vont sans avoir été identifiés.

Rapidement j'examine le corps. C'est une petite femme d'une cinquantaine d'années aux cheveux courts, châtain clair. Elle gît sur le dos, les jambes droites et les bras alignés. Des gravillons sont collés sur sa joue droite. Elle ne porte qu'un slip de bain. Je suis frappé par l'aspect effrayant de la blessure à la gorge pourtant très peu ensanglantée. Le cou a été tranché du milieu jusqu'à l'arrière de l'oreille gauche. Une plaie « propre », nette et précise. D'autres coups de couteau apparaissent au niveau du sternum et à la base des reins où la trace de la garde de l'arme est encore visible. La soudaineté et la brutalité de l'agression sont hors normes. J'ai le sentiment d'une exécution, d'une explosion de violence. Je regarde autour de moi, tout m'interpelle.

Trop incongru, délirant même, de tuer un dimanche après-midi sur cette plage très fréquentée. Cet endroit qui m'est familier a-t-il changé ? Ou est-ce que ce sont les faits qui ne collent pas au lieu ? Et qui est cette femme ?

L'activité de mes collègues me sort de ces réflexions. Clichés anthropologiques, relevés d'empreintes ou d'identité de curieux attirés par la scène, chacun s'attelle à son travail. L'atmosphère est pourtant tendue, lourde. L'incompréhension se lit sur les visages.

Les affaires de la victime se trouvent à quelques mètres, posées contre la paroi rocheuse. J'observe. Les traces au sol indiquent encore une présence. Une première tache de sang près de la serviette de bain marque-t-elle a priori le début de l'agression ? Tout autour, les petits galets plats sont dérangés, foulés, mais il n'y a pas eu de grands mouvements. Deux empreintes identiques profondément plantées dans le sol m'indiquent qu'Aline s'est agenouillée. Des clés de voiture dépassent du jean. Personne ne laisse traîner ses clés sur une plage. La victime a certainement tenté de les atteindre. Et ces autres taches de sang... Elles partent de là, au pied des affaires, et se poursuivent de façon moins visible jusqu'à l'emplacement du corps... Cette femme n'a rien pu faire. Chaque coup a atteint sa cible. Le meurtrier est précis, il a de l'expérience... J'ai l'impression d'un acte fou commis pourtant avec lucidité. Un assassinat froidement exécuté.

Je rejoins l'équipe en place en bordure de plage. Là, un lieutenant en charge de l'organisation de l'enquête rend compte de la situation :

— La victime est identifiée, elle est aide-soignante à Brest.

Il expose ensuite sa théorie sur le déroulement du meurtre. Il a déjà tout imaginé :

— La victime a rampé après avoir été agressée par surprise et de dos. L'ordre des coups portés a été d'abord le dos, puis le cœur et enfin la gorge...

Comment peut-il avoir autant de certitudes ? Le regard de certains enquêteurs aguerris en dit long.

Sur ces premières conclusions militaires, rendez-vous est pris à la brigade territoriale locale afin d'installer le PC d'enquête. Le lieutenant s'empresse. Son objectif est double. Informer au plus vite sa hiérarchie et arrêter l'assassin en un temps record. Cette hyperactivité trahit sa fébrilité, et cela est souvent communicatif.

Dans le hall d'entrée, des témoins attendent d'être auditionnés. Beaucoup vivent à proximité du lieu du crime. Parmi eux, un homme d'une cinquantaine d'années. De petite taille, l'allure timide, il s'est installé dans un coin. Il semble gêné et très affecté. Personne ne s'occupe de lui. Je m'approche. Il me confie qu'il est marié et qu'il connaît la victime depuis des années.

— J'étais avec elle hier soir, que s'est-il passé ? me demande-t-il.

— Nous allons nous occuper de vous, lui dis-je.

Sur ces entrefaites, un gendarme intervient et annonce qu'il faudra patienter encore...

En fait, les auditions sont réalisées dans l'urgence, sans précaution ni réel recul. Elles seront sans doute à reprendre. Les témoins assistent au va-et-vient incessant des enquêteurs, entendant malgré eux les communications radio et les discussions plus ou moins heureuses des équipes revenant de la plage. Cela manque de discrétion. La vingtaine d'enquêteurs mobilisés pour l'occasion s'agite dans tous les sens. Avec Bertrand, de la brigade territoriale locale, et François, le commandant de la brigade de recherches de Brest, nous tentons en douceur de ralentir la mécanique.

20 h 30 : le premier point sur l'affaire se termine. Il nous faut maintenant organiser les missions et mettre les bonnes personnes aux bonnes places. Nous confions les vérifications les plus importantes aux enquêteurs calmes et expérimentés, qui ne seront pas découragés par le manque de résultats immédiats. Chacun a son domaine de recherche. L'équilibre semble trouvé entre les mesures d'urgence et le travail de fond. Après un contact avec le substitut du procureur de la République de Brest, je suis saisi du dossier.

L'expérience prouve que les débuts d'enquête sont les moments les plus déterminants. Il ne faut rien oublier, rien précipiter, même si parfois l'envie ne manque pas. Ce qui est raté ne se reprend jamais.

Premier objectif : découvrir de nouveaux témoins. Des plans de quartiers sont distribués. Méthodiquement, les habitants sont entendus un à un. Nous diffusons l'information aux policiers de Brest. Les pompiers, les hôpitaux, les taxis, les établissements de nuit sont alertés. La nuit sera blanche pour toute l'équipe, mais au petit matin la récolte est maigre. Aucun témoignage direct sur l'affaire n'a été recueilli.

Lundi 15 mai 1989, 9 heures. Les visages sont fatigués, mais la détermination reste entière. Rien d'inhabituel d'avoir si peu de résultats après seulement une journée d'investigations. Lors d'une enquête criminelle, nous procédons avant tout par élimination. Nous continuons d'explorer toutes les pistes possibles, à commencer par la liste des derniers détenus libérés, les arrivées de blessés dans les hôpitaux, ou encore le signalement des voitures volées. Près de la plage, le ramassage des poubelles est suspendu, l'arme du crime pourrait s'y trouver. Les bouches d'égout à proximité sont également scrutées une à une. Les listings des appels téléphoniques des cabines de la plage sont relevés, les numéros des appels identifiés. Il y a bien quelque part un témoin, un indice... Chaque possibilité est exploitée. J'ai du mal à imaginer que l'on puisse assassiner une femme sur une plage, en plein après-midi, sans que personne ait rien vu, rien entendu. En retournant sur les lieux avec Bertrand, je m'essaie à crier. Le bruit des vagues et celui des voitures passant sur le boulevard étouffent mes appels. Ils ne portent pas à soixante mètres. Mais est-ce vraiment une réponse ?

En quelques heures, les auditions s'accumulent. Elles semblent épaissir le mystère. Tout démontre bien que cette plage était loin d'être déserte au moment du crime.

Premières lueurs d'espoir en début d'après-midi. Un de mes proches coéquipiers rentre à son tour à la brigade. Il est accompagné d'un homme d'une soixantaine d'années. Un Brestois robuste et sportif, un habitué de la plage. Ils s'isolent dans un bureau où je vais les rejoindre.

Un premier témoignage capital.

— Dimanche, je prenais un bain de soleil à cent mètres de la victime, nous raconte ce témoin. Je l'ai croisée en arrivant sur la plage et lui ai même donné un petit bonjour, avant de m'installer plus loin. À 17 heures, elle était vivante. J'en suis certain. Je l'ai regardée en écoutant l'arrivée d'une course hippique à la radio.

Il se souvient même qu'à cet instant deux hommes se dirigeaient vers elle.

— Ils étaient mal vêtus, sans être toutefois sales, ce n'étaient pas des clochards. Je ne peux les décrire précisément, car j'avais le soleil dans les yeux, explique-t-il.

La voix chargée de regrets, il nous confie que pour mieux écouter son poste de radio, il a tourné la tête dans l'autre direction, et ce jusqu'à l'arrivée des secours...

— Un jeune garçon d'une douzaine d'années, habillé en vert fluo, jouait sur la plage, entre la victime et moi, ajoute-t-il dans un dernier élan.

L'appel aux sapeurs-pompiers a été enregistré à 17 h 04. Grâce au témoignage que nous venons de recueillir, l'heure du meurtre est maintenant établie. Nous décidons de lancer un appel à témoins dans la presse. Avec un peu de chance, les vidéastes et photographes amateurs présents ce dimanche nous apporteront un nouvel élément exploitable. Le meurtrier a peut-être été pris en photo...

17 heures. Je reçois le soutien de deux collègues de Rennes, Jean-Claude et Jean-Paul. Ce duo de qualité est rodé aux coups durs, des caractères bien trempés, forgés par des années d'expérience. Leur présence me rassure. Dans une précédente affaire de hold-up, ils m'avaient apporté une aide précieuse. Ils ne pouvaient pas mieux tomber.

Depuis quelques heures, les journalistes sont sur nos traces et les fuites se multiplient. Tout ne doit pas être divulgué. La pression monte autour de nous.

J'encourage les deux enquêteurs à tout connaître de la victime. Sa vie professionnelle, sentimentale et familiale, toutes ses relations, amicales ou non. On retrace son emploi du temps au jour le jour, on découvre ses hobbys, ses goûts, on examine ses penchants et ses passions... Toutes les facettes de sa personnalité sont explorées. Cette plongée dans la vie intime de la victime est un travail délicat, parfois dérangeant. Difficile de fouiller dans les secrets d'une personne sans laisser de traces, chez les proches comme pour nous-mêmes. Ces recherches sont pourtant primordiales. Bien connaître la victime, c'est pouvoir s'approcher au plus près de ce qui s'est passé le jour du meurtre.

En ce qui me concerne, je me charge des analyses techniques. La voiture d'Aline, une petite Ford Fiesta bleue, est entreposée dans le garage de la gendarmerie. Personne n'y a encore touché. Un laboratoire privé de la banlieue de Brest, le CARME, possède une technologie que la gendarmerie ne pratique pas encore. Je fais appel à un de ses ingénieurs. La technique qu'il utilise s'appelle l'éclairage polylight. Dans une obscurité complète, il balaye la carrosserie du véhicule. Munis d'étranges lunettes de soudeur, nous voyons alors, comme par magie, de multiples traces se révéler. Les empreintes, les poussières se mettent à briller. À l'intérieur de la voiture, les fibres détachées des vêtements des passagers se démarquent des tissus du siège. Elles paraissent énormes, fluorescentes. Les cheveux perdus deviennent des indices de valeur. Les mégots sont collectés et saisis. Les poussières du tapis de sol sont prélevées. Elles pourront être comparées à celles trouvées sous les chaussures d'un suspect.

Ces micro-prélèvements me motivent. Les fibres de vêtements me donnent une description de l'habillement des passagers, de la couleur des pantalons, des chemises... C'est encourageant.

Ils viennent s'ajouter à ceux relevés sous les ongles de la victime, sur la plage. A-t-elle griffé son agresseur ? A-t-on le groupe sanguin du tueur ? C'est encore trop tôt pour le savoir, mais ces éléments sont les premiers indices.

Le 16 mai 1989, jour de l'autopsie à l'institut médico-légal de Kerfautras, à Brest. L'endroit est loin d'être attirant. À 14 heures, le cortège d'enquêteurs et de magistrats pénètre dans le grand cimetière par lequel on accède au local funéraire. Nous sommes une petite dizaine autour de la table métallique sur laquelle repose le corps de la victime. Dans cette pièce aux murs trop hauts, seuls résonnent les bruits des instruments du médecin légiste. La gêne est générale, chacun évite de regarder le cadavre. Les yeux préfèrent s'arrêter sur les tableaux fixés au-dessus des balances. On y apprend le poids moyen du foie d'un homme, de celui d'une femme, ou encore du cerveau d'un enfant. Ce corps dégage pourtant une grande force, comme s'il détenait la clé de l'énigme.

De son statut de victime, Aline est passée à celui de témoin numéro un. Méthodiquement, le légiste examine chaque trace, chaque détail et explique. Déjà il s'étonne de la violence et de la précision des coups portés. Les blessures principales sont localisées au cou, au sternum et aux reins. Celle du cou m'interpelle depuis le premier jour, mais le médecin m'apprend qu'elle n'était pas mortelle. Les plaies montrent que l'arme utilisée était très tranchante. Le praticien remarque une légère anomalie dans ces coupures. Il en déduit qu'il s'agit d'un couteau de petite taille dont la lame est ébréchée. La victime n'a que très peu lutté. Elle est morte d'un coup au cœur. Dans toute cette violence, je m'étonne de trois petites traces d'ongles sur le cou.

J'essaie d'imaginer la prise... C'est difficile. J'en fais part au légiste. Lentement, il situe sa main et superpose ses doigts sur les traces. Avec son autre main, il symbolise le couteau. Ses gestes reprennent ceux de l'assassin. Je visualise peu à peu la scène. Le meurtrier a saisi la victime de la main gauche sous le menton, et l'a frappée à la gorge de la main droite. Il était donc de face. Ce mouvement est surprenant : l'agresseur a fait pivoter sa main gauche, le pouce vers l'extérieur, pour empoigner le cou d'Aline. De ce fait, les empreintes de ses doigts sont inversées. Une prise tout à fait inhabituelle. Personnellement, je n'ai jamais vu un tel geste. Je comprends aussitôt que l'assassin sortira du tableau traditionnel des criminels. Imperturbable, le médecin souligne enfin que le petit hématome, au sommet du front, provient d'un coup assené par une personne de grande taille.

L'examen se termine par les prélèvements en vue d'analyses anatomo-pathologiques. Nous voici avec l'ensemble des données disponibles.

Les plaies de la victime sont également prélevées. Elles doivent probablement renfermer des particules de métal qui proviennent du couteau utilisé par l'assassin. Pour les interpréter, je me rends au village de Plouvorn, à quelques kilomètres de Brest, dans le petit laboratoire du CARME. Par la force des choses, ce lieu est devenu notre institut criminel local. L'ingénieur me conduit dans une toute petite pièce envahie d'appareillages. Avec une extrême minutie, les tissus humains sont extraits des scellés. Rien ne doit venir polluer leur décryptage.

Placés sous l'œil électronique d'un microscope à balayage, ils livrent leur secret en moins d'une demi-heure. C'est du fer, uniquement du fer, aucun alliage. Le couteau du meurtrier est une lame simple, non chromée, non traitée. D'office sont éliminés les poignards de lancer, les couteaux de combat ou à usage professionnel. L'information est intéressante.

Un homme pourra peut-être m'aider à affiner ma recherche : l'armurier du bas de la rue de Siam, à Brest.

Dans sa boutique, sur le mur du fond, entre le râtelier à fusils et les coffres à pistolets, sont exposées les armes blanches. Des couteaux et des poignards de toutes sortes, tous aussi mortels les uns que les autres. Instinctivement, j'imagine l'arme du crime parmi celles-là.

— Vous cherchez un couteau avec une lame de fer ? s'étonne-t-il. Regardez sur le présentoir à votre droite.

J'examine alors, surpris, une gamme de couteaux Opinel. De simples couteaux aux manches en bois dont les lames se verrouillent par une bague métallique. Ces « petits couteaux » ne paraissent pas dangereux, et j'en fais la remarque. L'armurier saisit alors l'un d'eux, au hasard, déplie la lame et tranche lentement une feuille de papier, comme avec un rasoir.

Il ajoute :

— Ce sont les seuls couteaux à lame de fer que vous trouverez sur le marché.

L'arme du crime est donc si banale ? Cela ne me rend pas optimiste.

21 heures. De retour à la brigade de gendarmerie du Relecq-Kerhuon, nous organisons une réunion de synthèse. Nous sommes installés dans la pièce principale. Il est difficile d'y placer tout le monde. Après avoir résumé les résultats des analyses et mon passage chez l'armurier, c'est au tour de Jean-Claude et de Jean-Paul de rendre compte de leur journée. Ils sont allés au centre hospitalier régional de Brest où la victime travaillait. Ils l'appellent déjà Aline, comme s'ils l'avaient bien connue. Une attitude fréquente chez les enquêteurs qui « entrent dans une vie ». Pour eux, les témoignages de ses collègues et du directeur de l'établissement sont sans équivoque : Aline était une très bonne aide-soignante, calme et énergique. En poste depuis plusieurs années au service des urgences, elle était habituée aux situations extrêmes et savait parfaitement les gérer. Une femme d'expérience donc, difficile à surprendre. Et pourtant...

Un troisième enquêteur enchaîne :

— Un homme a téléphoné suite à l'appel à témoins dans la presse. Il a photographié des bateaux sur les pontons du port de plaisance à 17 heures. Il n'a rien vu, mais se signale à tout hasard.

Apparemment sans intérêt, mais sait-on jamais ? Une autre équipe indique qu'une agression a été commise le soir du meurtre, près du château de Brest :

— La victime, un homme d'une quarantaine d'années, a eu le visage sérieusement tailladé à coups de couteau. L'agresseur, un inconnu, a pris la fuite. Le blessé est actuellement soigné à l'hôpital maritime. À creuser.

D'autres éléments ont été collectés par le reste du groupe : le lieu du meurtre est fréquenté par des toxicomanes et des sans domicile fixe et, enfin, plusieurs voyeurs et exhibitionnistes locaux attirés par ce bord de plage ont été identifiés.

Devant cette masse d'informations, nous décidons en urgence d'entendre tous ces marginaux. L'équipe de Jean-Claude et Jean-Paul est renforcée pour auditionner les proches d'Aline. Le photographe amateur est à recontacter. De mon côté, je dois rencontrer les trois personnes qui ont découvert le corps. Il s'agit d'une femme de 52 ans et de ses deux enfants qu'elle recevait ce dimanche-là à déjeuner.

— Après le café, m'explique-t-elle, le beau temps nous a incités à faire une petite marche. La pointe des Sables Rouges est agréable, elle est abritée des vents. En plus, ce n'est pas loin de notre domicile.

Si la vue panoramique sur le port de Brest est spectaculaire, cette pointe est surtout facile d'accès. Ils sont donc partis à 16 h 45. Ils ont suivi leur chemin entre les rochers, se rapprochant sans le savoir de la scène du crime située à six cents mètres de là. C'est son fils de 20 ans qui se souvient du plus grand nombre de détails. Sans doute ne participait-il pas à la conversation de sa mère et de sa sœur ? En tout cas, il se rappelle très bien cette femme d'une cinquantaine d'années qui bronzait discrètement entre deux rochers, bien à l'abri des regards.

— J'ai remarqué ensuite un homme, la cinquantaine, continue-t-il. Il était en string. Quand nous sommes passés devant lui, il est allé se baigner. Après, un jeune garçon de douze ou quatorze ans est arrivé seul. Il portait un tee-shirt et un short vert fluo. Il s'est arrêté pour jouer dans une flaque au pied d'un rocher.

— Et ensuite ?

— En approchant du parking, j'ai aperçu deux personnes allongées. La première, un homme, écoutait son poste de radio. La seconde, une femme, m'a intrigué. Elle ne bronzait pas dans le bon sens. Je me suis alors tourné vers ma mère et ma sœur. Nous avons tous eu la même pensée. Nous nous sommes approchés et là nous avons découvert le corps ensanglanté. Nous avons immédiatement alerté les secours de la cabine téléphonique, tout à côté. Il était 17 h 04.

Ce témoignage est précieux, même s'il ne dit rien des deux hommes aperçus près d'Aline à 17 heures par d'autres personnes. Je note qu'en fait, il n'y avait pas grand monde de ce côté-là de la pointe. Le meurtrier s'est peut-être enfui par la route qui surplombe la plage après avoir gravi la rampe rocheuse.

J'espère que les photos réalisées sur les pontons du Moulin Blanc m'apporteront des réponses plus précises. Bertrand a retrouvé le photographe amateur.

— Il est certain d'avoir utilisé son appareil à 17 heures, me raconte-t-il, il se revoit encore regarder sa montre. J'ai examiné les photos, il n'y avait rien de formidable.

Décidément, il y a des témoins clés à chaque extrémité de la plage au moment du meurtre, mais aucun d'eux n'a regardé dans la bonne direction. Malgré tout, nous

nous entêtons à faire parler ces photos : du 24 × 36, c'est-à-dire des négatifs de 2,4 centimètres sur 3,6 centimètres...

Un laboratoire photographique du Relecq-Kerhuon met à notre disposition un agrandisseur. Nous passons notre soirée à projeter les négatifs. Un à un, nous étudions tous les clichés. Seul le numéro six retient notre attention. Il laisse apparaître un coin de la pointe des Sables Rouges, mais de si loin... Vraisemblablement inexploitable.

Le technicien du laboratoire nous propose pourtant de travailler cette partie du négatif de la dimension d'un quart de timbre-poste. Le lendemain, un agrandissement de format A3 est sur notre bureau. Un amas plus ou moins informe de pixels colorés qui nous laisse perplexes. Il est difficile de deviner les objets mais nous tentons de faire parler ce « flou ». Une fois habitués, munis de loupes, nous finissons par identifier les témoins présents sur la plage.

Les trois petites taches côte à côte, où se mélangent du gris, du vert et du jaune, montrent ceux qui ont trouvé le corps : la mère, son fils et sa fille. La tache blanche avec deux traits de rouge, c'est la femme qui bronzait. Le gamin en vert fluo est là aussi. L'homme en maillot de bain, le témoin au poste de radio sont également situés. Petit à petit, la plage du Moulin Blanc se révèle telle qu'elle était au moment du crime. Malheureusement, la photo s'arrête juste avant l'endroit où se trouvaient la victime et, fatalement, son meurtrier. Notre déception est grande. Pour l'heure, l'assassin d'Aline garde tout son mystère.

Avec les jours qui suivent débutent les premières gardes à vue. Plusieurs squats entourent la plage du Moulin Blanc. Les vagabonds, les toxicomanes et les détraqués sexuels qui les fréquentent sont entendus. Un univers marginal digne de la cour des Miracles, comme cet exhibitionniste vêtu du traditionnel imperméable et d'un pantalon qui s'arrête au niveau des cuisses, tenu par de simples ficelles en guise de bretelles.

Ces pistes s'avèrent vite être des impasses. Les marginaux que nous rencontrons, inquiétés par le meurtre, n'ont pourtant rien de nouveau à nous apprendre. Cette affaire en a fait fuir un bon nombre. Nous nous lançons sur leur piste. Rapidement, nous arrivons à mettre des noms, puis des visages sur ces hommes errants du Moulin Blanc.

Quelques contrôles près des foyers d'accueil permettent de retrouver un à un ces témoins. Nous allons vite, mais beaucoup de ces hommes ont perdu la notion du temps. Parfois d'inquiétantes conversations s'engagent, comme celle du nommé Cheyenne.

— Depuis ma sortie de prison, je n'ai pas mis les pieds au Moulin Blanc... Je suis effectivement porteur d'un couteau de poche qui me sert à manger. D'autre part, j'ai sur moi également un cutter. Je l'ai trouvé dans un squat. Pour l'instant, je ne m'en suis servi que pour couper le bas du pantalon de Moineau qui a une jambe plâtrée.

L'arme en question n'est pas ébréchée et n'est pas uniquement composée de fer. Une piste de plus se ferme.

Les témoignages de deux autres marginaux nous amènent finalement au foyer Emmaüs, sur les hauteurs du Relecq-Kerhuon, à quelques centaines de mètres seulement du Moulin Blanc. Le bout de plage où a été retrouvé le corps d'Aline est un lieu que les SDF hébergés chez Emmaüs fréquentent assidûment. Ces éléments viennent recouper les déclarations des voisins. Accompagné d'un coéquipier, je me rends à la communauté. C'est une grande propriété, clôturée par un haut mur de ciment gris. Impossible d'entrer sans être vu par le concierge installé derrière, dans le bureau d'accueil.

Traversant un petit parc, le responsable vient vers nous. Les présentations sont rapidement faites. Il semble plutôt soulagé de notre visite.

— Les faits ont choqué ici aussi, et bon nombre de communautaires ont désiré quitter les lieux dès le lendemain du meurtre. Ils ne voulaient pas avoir affaire à la police, devenir des suspects.

C'est compréhensible, mais cela ne m'arrange pas.

— De plus, le 14 mai, la plupart d'entre eux se sont rendus dans le département voisin pour participer à une rencontre inter-communautés. Seuls les malades, les personnes âgées et les nouveaux arrivants sont restés ici. Douze personnes en tout, ajoute-t-il. Aujourd'hui, ils ne sont plus que deux à être encore dans notre communauté.

Nous les faisons appeler. Les deux hommes qui nous rejoignent ont le visage fermé et les traits marqués, traces indélébiles d'un parcours de vie difficile.

En les observant en train de marcher, je repense à la description d'un des témoins : « Ils étaient mal vêtus, sans être toutefois sales, ce n'étaient pas des clochards. » Ils nous racontent leur dimanche. Le début d'après-midi s'est passé dans la salle à manger, devant la télé, commence le plus petit des deux. Jusque-là tout allait bien, mais vers 16 h 30 une bagarre a éclaté entre deux compagnons. D'autres s'en sont mêlés. Pour éviter que ça ne dégénère, il a fallu les séparer. Certains sont même sortis pour se calmer...

Ce témoignage m'intéresse vivement. J'ai le sentiment qu'il y a là des éléments tangibles, propices au drame. Des hommes, marginaux, souvent armés de couteaux. Les esprits échauffés par une bagarre en cette toute première journée de beau temps. La communauté, située à quelques centaines de mètres du lieu du meurtre. Et tous ces départs précipités...

Les noms de ces témoins, suspects potentiels, figurent sur les registres. Nous lançons des avis de recherche sur tout le territoire national. Je sais déjà qu'il faudra compter plusieurs semaines avant d'obtenir les premiers retours...

En attendant, nous finissons d'exploiter la piste locale. Nous sommes maintenant fin mai. Cette fois, nous nous attaquons aux trafiquants de drogue. Un important trafic d'héroïne s'est développé sur Brest, mêlant plusieurs équipes de délinquants. Fanch est le chef des Stups du commissariat de police de Brest. Nous sommes de vieilles connaissances.

Il m'indique que des transactions se déroulent parfois au Moulin Blanc. Il pense que le caractère irrationnel de l'agression peut être l'acte d'un toxicomane en manque. Nous décidons de joindre nos efforts.

En quelques jours, les arrestations se multiplient et en moins d'une semaine les dealers du milieu nous font passer des messages. Ils sont inquiets de nos actions communes. Les cours des stupéfiants n'ont jamais été aussi hauts et la marchandise se fait rare. Ils souhaitent que nous trouvions le meurtrier et nous proposent même leurs services : s'ils apprennent quelque chose, ils nous le feront savoir... La piste ne donnera rien.

Ce manque de résultats démoralise les moins motivés. Certains enquêteurs pensent déjà que nous n'arriverons pas à identifier l'assassin, d'autant que leur passage dans les locaux de la police a aussi jeté le trouble. Le portrait-robot de l'agresseur au couteau près du château de Brest, le soir du meurtre de la plage, est affiché dans tous les bureaux du commissariat. Les policiers recherchent un suspect d'une trentaine d'années. Un homme blond aux cheveux longs tirés en arrière, au regard clair et au visage étroit. Et si c'était aussi notre homme ? pensent-ils. Deux gendarmes sont chargés de suivre cette orientation. Une fois encore, elle fera chou blanc.

Début juin. Les grandes vacances arrivent à grands pas et l'enquête est au point mort. Je redoute l'été. C'est une période où les services tournent au ralenti. Un réel obstacle aux investigations poussées.

Un jeune adolescent de 14 ans va pourtant nous fournir matière à reprendre espoir. L'appel à témoins que nous avons diffusé dans la presse porte enfin ses fruits. Le 8 juin, Philippe se présente à la brigade de gendarmerie du Relecq-Kerhuon. Il est accompagné de son père.

— Je suis le jeune garçon vêtu de vert fluo, commence-t-il.

Accoudé à l'angle d'un petit bureau, ce frêle jeune homme raconte. Il s'est promené un moment sur le sable avant de s'installer près d'Aline vers 16 h 45. Assis sur une plaque de béton, il est resté là une dizaine de minutes. Pudiquement, il reconnaît avoir été attiré par la poitrine nue de cette femme. Lorsqu'elle se rendra compte de sa présence, elle remettra discrètement son soutien-gorge. Mais il y avait également un homme posté là, en haut des rochers à une trentaine de mètres. Il se tenait droit tel un guetteur, non loin de la route. Il était mal peigné et trop chaudement vêtu pour la saison. De son emplacement, l'individu, d'une quarantaine d'années, dominait l'ensemble des Sables Rouges.

Philippe est alors parti vers la pointe rocheuse. Je ne peux m'empêcher de penser que, sans le savoir, il venait de sceller là le destin d'Aline. Ce départ était le moment clé que l'assassin attendait.

2

Francis Heaulme : première rencontre

16 juin 1989. On dit que les assassins reviennent toujours sur les lieux du crime, mais ceux que j'ai connus jusqu'à présent ont plutôt eu tendance à partir très vite en sens inverse. Malgré cela, quatre gendarmes en civil se relaient inlassablement près de la plage depuis le jour du meurtre. En planque, ils notent chaque jour le comportement des passants qui déambulent aux abords de la scène du crime. Ce jour-là, ce dispositif va porter ses fruits.

En début d'après-midi, je reçois un appel du chef de groupe.

— Le comportement d'un homme d'une quarantaine d'années nous intrigue, commence-t-il. Il est vêtu d'un imperméable beige. Il n'est pas très grand et boite de la jambe gauche. Il ne cesse de passer sur la plage. Il cherche des traces sur les rochers. Il est étrange. Nous l'avons pris en filature.

Très vite, je rejoins l'équipe. Le suspect vient de rentrer chez lui, un fourgon garé derrière un des immeubles qui surplombent la plage. Je décide de l'interpellation. Quelques minutes plus tard, nous débutons la perquisition de son domicile de fortune. Je sens l'équipe motivée. C'est peut-être notre homme...

Le fourgon est rapidement fouillé, certaines parties de la carrosserie sont démontées. Tous les couteaux découverts dans les quelques meubles sont soigneusement triés. Pendant ce temps, l'homme assiste attentivement aux fouilles. Il se prénomme Gérard et ne semble pas le moins du monde inquiet. J'ai même l'impression qu'il apprécie en connaisseur notre intervention. Nous l'emmenons à la brigade locale. Débute alors son audition :

— Cela fait longtemps que vous habitez dans ce fourgon ?

— Depuis mon divorce, en fait. Je me suis mis à boire. C'est un ami qui m'a proposé de venir loger dans son camion au mois de novembre. Je ne fais pas grand-chose de mes journées. Je me lève assez tard, aux environs de midi. Je fais ma cuisine, essentiellement des conserves... L'après-midi, je reste autour du camion. Je vois très peu de monde. De temps en temps, un voisin, Martin, vient me voir pour boire un coup de rouge. C'est lui qui m'a raconté l'histoire du meurtre.

— Qu'est-ce que vous avez fait ce jour-là ?

— En début d'après-midi, je somnolais dans mon fourgon, allongé sur mon lit. Ensuite, Martin est venu frapper à la porte après avoir sifflé de sa fenêtre. Il m'a expliqué qu'une femme venait d'être égorgée sur la plage. Je ne suis pas allé voir tout de suite, seulement le lendemain. Je n'aime pas la foule. Les gendarmes étaient toujours sur les lieux. D'après ce que j'ai lu dans *Le Télégramme* et *Ouest-France*, la victime se nomme Aline. J'ai vu sa photo, je l'ai peut-être rencontrée au cours de mes séjours à l'hôpital Morvan, mais je n'en suis pas sûr. D'après ce que disent les journaux, ses papiers ont été retrouvés auprès d'elle et elle n'aurait pas été violée. J'aurais aimé voir le corps pour me rendre compte du travail. Je dis ça parce que j'ai travaillé quelque temps dans la police, c'est l'unique raison. Vous comprenez ?

Le personnage m'intrigue et l'intérêt qu'il porte aux détails du meurtre me dérange. J'insiste :

— Vous pourriez me donner le signalement de la victime ?

— Encore une fois, c'est seulement de ce que j'en ai lu. Il s'agissait d'une femme de 49 ans, divorcée, chevelure brune mi-longue.

Ce comportement nous laisse perplexes. Est-il sincère ou est-ce une piste sérieuse ? Nous devons absolument retracer son emploi du temps le 14 mai. Son voisin, Martin, est à son tour placé en garde à vue. Dans la foulée, ses amis sont également entendus, leurs appartements et leurs voitures sont perquisitionnés. Finalement, rien n'est retenu contre lui. Encore une fois, la piste était fausse. Encore une fois, du temps et de l'énergie ont été dépensés pour n'aboutir qu'à un curieux personnage, vraiment curieux, mais rien de plus.

Le 19 juin à 10 h 30, un appel arrive de la brigade de Saint-Clair-sur-l'Elle dans la Manche. Les gendarmes viennent d'appréhender un des marginaux du foyer Emmaüs que nous recherchions. Sans plus attendre, je quitte Brest. Le compte à rebours est en marche. La garde à vue dure au mieux quarante-huit heures. Elle débute dès le moment du contrôle. Il n'y a pas un instant à perdre. Passé ce délai, il est impossible de recommencer. Sur le trajet, je m'arrête à la section de recherches de Rennes. J'ai besoin d'aide car ce type d'entretien risque d'être long. Le major « JR » – ses initiales sont devenues son surnom – est de permanence. C'est un bon enquêteur, l'un des piliers du service. Vraiment une chance de tomber sur lui. Il m'accompagne.

15 heures, Saint-Clair-sur-l'Elle. Enfin, c'en est fini des petites routes de Basse-Normandie et de leurs interminables virages. À la gendarmerie, un chef nous accueille.

— Votre client est là, dans le bureau d'à côté, dit-il. C'est un drôle de type. Il vous attend. Nous avons regardé dans son sac, il n'y a rien de suspect. Vous verrez vous-même. Il nous a dit avoir été contrôlé dans le train, sans ticket. Il prétend que c'est pour cela qu'il passait par ici en faisant du stop. Il ne sait pas pourquoi il est retenu.

J'apprécie cette attitude professionnelle. Personne n'a parlé du meurtre et c'est mieux ainsi. La porte du bureau est à demi poussée, j'observe l'homme à la dérobée. Il attend debout. Je ne sais pratiquement rien de lui. Aucun antécédent judiciaire, pas d'adresse fixe. Il est là simplement parce qu'il séjournait à la communauté Emmaüs du Relecq-Kerhuon la veille du meurtre.

En le regardant, j'essaie de le deviner. Les premiers contacts en garde à vue sont souvent difficiles, j'espère pourtant briser rapidement la glace. S'il y a un blocage, si je ne lui conviens pas, JR prendra la main. L'homme ne me voit pas, je l'aperçois de profil, dans un coin de la pièce, les mains dans le dos. Maigre, les cheveux bruns, courts, raides, il est grand, environ un mètre quatre-vingt-dix. Je sais qu'il a 30 ans, pourtant j'ai du mal à lui donner un âge. Sans être négligée, son allure est modeste : une chemisette à rayures bleues, jaunes et rouges et un pantalon de toile bleue. Il se tient droit. Il est très nerveux, tendu. Le visage crispé, il examine par à-coups, une à une, les fenêtres du bureau. Il me fait penser à un animal en cage.

Le major JR est prêt, nous entrons. Brusquement, l'homme se retourne. Il me fixe de ses petits yeux marron, perçants et vifs. Son visage est défiguré par une grimace, comme si un mal interne le dévorait. Quel regard ! Je tente de ne montrer aucune surprise et vais vers lui en lançant un aimable « Bonjour ! ». S'ensuit une poignée de main molle et brève. Il fuit le contact physique. Il ne me quitte pas des yeux. À cet instant, je réalise que je suis le seul de la brigade en civil. JR lui tend la main à son tour.

Avant qu'un malaise ne s'installe, je préfère réagir. D'une voix apaisante, je lui dis :

— Désolé de devoir vous retenir, mais nous avons besoin de vous parler, de vous demander quelques petites choses sur votre parcours. Cela ne devrait pas être long. Nous préparons la machine à écrire et on démarre. Vous avez besoin de quelque chose ?

Il ne m'a toujours pas quitté des yeux. Ses lèvres sont pincées, je remarque ses poings serrés.

— Vous êtes de Saint-Lô ?

Je comprends alors qu'il pense que je viens du chef-lieu voisin. Ne portant pas l'uniforme, je dois être plus important que les autres. Je le regarde avec un sourire, comme si j'acquiesçais.

— Nous allons vous demander de décliner votre identité.

— Je me nomme Heaulme Francis, commence-t-il d'une voix mécanique. Je suis né le 25 février 1959 à Metz.

— Vous êtes plus âgé que moi, mais seulement de quelques jours.

— Je pourrais même vous tutoyer, répond-il amusé.

J'accepte, cela simplifie parfois les situations. Devant la machine à écrire, je pressens un entretien difficile. Il continue, le ton dominateur :

— Je n'exerce pas de profession actuellement et suis hébergé dans les communautés Emmaüs...

Afin d'éviter le risque d'une question trop vite posée, je lui demande alors :

— Francis, pourrais-tu me raconter ton histoire ? Comment t'es-tu retrouvé sur la route ?

Il répond naturellement, presque soulagé :

— J'ai été élevé chez mes parents. J'ai une sœur de 22 ans. Ma mère est décédée en 1984. Mon père s'est remarié. J'ai fait toutes mes études à Metz. À 17 ans, j'ai obtenu un CAP d'électricien industriel au collège

Fabert. À 18 ans, je me suis engagé pour deux ans dans l'armée de terre. J'ai servi dans les transmissions à Francfort. À l'époque, je participais aux manœuvres. Bien qu'étant radio, je faisais du combat. Parmi les techniques de combat enseignées, j'ai appris à manier le poignard.

Les mains sur mon clavier, je retiens mon souffle. Quel démarrage ! Où veut-il en venir ? Son regard intense ne me quitte toujours pas. Il observe mes réactions. D'interminables blancs ont saccadé ses phrases. Il se maîtrise. Cherche-t-il à nous tester ? Heaulme est déroutant. Aucun sentiment, aucune réaction ne doit transpirer.

Il continue :

— Par exemple, pour neutraliser une sentinelle, il faut la surprendre par-derrière. À l'aide du bras gauche, lui lever la tête en ayant soin de lui placer l'avant-bras sur la bouche pour l'empêcher de crier. Avec le bras droit, on lui porte un coup au niveau de la carotide, puis un coup au cœur et enfin on peut lui porter un dernier coup au niveau de la colonne vertébrale. En tout cas, il faut y aller avec une forte puissance... J'ai même vu des films à l'armée sur ces sujets.

Je ne réponds pas. J'interpelle discrètement du regard JR. J'ai du mal à croire ce que je viens d'entendre. Le major ne réagit pas. Pourtant, Francis Heaulme vient de décrire la manière dont Aline a été tuée... Est-ce une provocation, un hasard ? Ce n'est pas possible, l'enquête est terminée, c'est forcément lui...

L'audition se poursuit.

— Après l'armée, j'ai travaillé comme électricien chez mon père, puis dans deux ou trois entreprises. En 1984, ma mère est décédée. Je l'ai mal supporté et j'ai fait une tentative de suicide à l'aide d'un fusil de chasse. Je ne sais plus très bien à quelle date, mais ma mère est morte un dimanche soir et moi j'ai essayé de me tuer trois jours plus tard. Suite à cela, j'ai été hospitalisé en milieu psychiatrique à Jury-lès-Metz. J'ai été placé d'office par le préfet. À ma sortie, j'ai repris une activité professionnelle. Depuis ces faits, je suis sous traitement médical et prends des médicaments contre l'angoisse. En janvier 1988, sur un coup de tête, alors que je résidais au 12, rue Charlemagne, à Metz, j'ai préparé mon sac et suis allé prendre le train en direction de Nice. Je ne savais pas où j'allais. Depuis cette date, je fréquente les communautés Emmaüs de France.

Je l'interromps doucement et lui demande de me parler du mois dernier, c'est-à-dire du mois de mai.

— Pour en venir au mois de mai 1989, je dois vous dire que je l'ai passé en grande partie à la communauté Emmaüs de Brest. J'y suis arrivé fin avril 1989 et l'ai quittée la veille où une femme a été tuée sur la plage près de la communauté. Je suis parti un samedi soir après avoir demandé mon pécule au responsable, M. Pascal, 520 francs.

Je ne sais que penser. Il parle directement des faits et a le souci du détail. Je continue à ne rien laisser paraître.

— J'ai pris un bus près du bar Le Longchamp, à six cents mètres de la communauté, enchaîne-t-il. Avec ce bus, je me suis rendu directement à Guilers chez mon ami. Il s'agit d'un homme prénommé Raymond que j'ai connu à la salle des ventes Emmaüs de Brest. Je n'étais jamais allé chez lui. Mais il m'avait donné son adresse, par contre je l'ai perdue depuis. J'ai passé la nuit à Guilers et le dimanche j'ai pris le train à Brest, vers 8 ou 9 heures, en direction de Saint-Brieuc.

Cela veut dire qu'il a quitté la communauté mais qu'il est resté dans les parages... Je me demande qui est cet homme. Il me fixe toujours, sans cligner des yeux. C'est étonnant, il ne cligne pas des yeux... Je le sens capable d'exploser d'un instant à l'autre.

Appliqué, il raconte son parcours sans difficulté.

— Je suis resté deux jours à Saint-Brieuc et suis descendu à Quimperlé. C'est dans cette commune que j'ai été placé en hôpital psychiatrique.

J'ai envie de lui demander pourquoi, mais je le laisse dérouler le fil de sa pensée.

— Je me suis en quelque sorte échappé de l'hôpital psychiatrique de Quimperlé. De là, j'ai repris le train en direction de Saint-Brieuc où j'ai dormi deux jours aux Emmaüs. Ensuite, j'ai fait du stop jusqu'à Saint-Malo et Cherbourg. Cela en une journée. Je suis en fait arrivé le 22 juin à Cherbourg et suis resté jusqu'au mercredi 28 à la communauté Emmaüs. Le 28 juin, j'ai pris le train en direction de Caen. Mais j'en suis descendu avant, parce que j'étais ivre...

En fait, il se déplace en permanence. Il a une bonne mémoire des dates et des lieux, cela change beaucoup des derniers sans domicile fixe que j'ai rencontrés.

— Je dois vous dire qu'il m'arrive fréquemment de boire. Je prends des cachets anti-angoisse, et d'autres traitements. Ça m'est mauvais de boire, car ça me donne des pulsions. Je revois des scènes de combat avec un poignard, je vois des coulées de sang sur mes mains. Je ressens le besoin de me regarder les mains pour voir si c'est vrai.

Quelle confession étonnante ! Je suis convaincu d'avoir face à moi l'assassin d'Aline. C'est presque trop facile, je n'ai qu'à écouter. Je regarde de nouveau le major JR. Je le crois sur la même longueur d'onde. Il me fait signe de continuer à le laisser parler. Francis Heaulme observe nos réactions.

Il enchaîne :

— Dans le passé, je ne sais plus exactement quand, en 1988 sans doute, alors que je me trouvais sur Dijon, je suis même passé à l'acte. En effet, sans raison, j'ai été pris d'une pulsion et j'ai agressé une femme. En pleine rue piétonne, j'ai saisi une femme par les bras et j'ai serré très fort. Elle a crié et je l'ai lâchée. Je me suis caché et personne ne m'a attrapé. Je suis allé voir un médecin pour lui exposer mon cas. Je n'ai pas été poursuivi pour ces faits bien qu'un inspecteur de police m'ait entendu.

Je le laisse dire et lui demande de revenir sur son passage à Brest.

— Le 10 mai 1989, répond Heaulme, je suis allé en compagnie d'Henri L., un pensionnaire de la communauté Emmaüs, sur la plage où s'est déroulé le meurtre du 14 mai. J'ai soudainement été pris d'une pulsion. J'ai eu envie d'agresser une jeune fille. C'était une jeune fille qui sortait de l'eau, âgée de 18 ou 20 ans. Elle avait un maillot de bain deux pièces. J'ai couru vers elle pour la prendre. Mais je n'étais pas armé, je ne tenais rien en main. Par contre, j'avais en poche un couteau dont le manche était en bois. La jeune fille s'est mise à crier et est allée en direction d'un homme qui était son père. Cet homme m'a tenu par le bras et m'a insulté. Ça m'a remis les idées en place. Quelques instants plus tard, je me suis senti mal et Henri L. est allé chercher un responsable de la communauté Emmaüs pour que je rentre. À la communauté, un médecin est venu m'examiner. Après avoir reçu un traitement, j'ai repris mon activité normale. Par contre, le jeudi soir, j'ai ressenti à nouveau le besoin d'aller sur la plage pour faire quelque chose. Je suis donc descendu seul vers 20 heures après le repas. Je n'avais pas de couteau, seulement un morceau de câble que je pouvais utiliser comme matraque. Ce jour-là, je n'ai rien fait.

Qu'est-ce que c'est que toute cette histoire et qui est ce personnage ? Il est 18 h 30, cela fait déjà trois heures que nous écoutons Heaulme. J'ai absolument besoin de m'entretenir avec mon coéquipier. Nous interrompons l'audition, mais nous décidons de poursuivre la garde à vue. Il nous faut un hôtel, je pense que nous allons en avoir pour quarante-huit heures, peut-être moins. Une stratégie doit être appliquée. Pour moi, c'est l'assassin, il est impossible qu'il ressorte d'ici sans en dire plus. J'en ai trop entendu ou pas assez.

Dans la voiture, je demande au major JR le fond de sa pensée. Sa réponse me consterne :

— J'ai déjà croisé ce genre de type qui raconte n'importe quoi et qui parfois tombe près de la vérité. D'ailleurs, si c'était vraiment l'assassin, il ne nous aurait jamais parlé comme ça.

En un instant, il renverse l'attitude de Heaulme en faisant de ses déclarations la meilleure défense qui soit.

— Il a sûrement lu la presse et il joue avec nous.

Je lui rappelle alors les blessures de la victime et ce que notre suspect a prétendu avoir appris à l'armée.

— Il s'est confié de cette façon parce qu'il pense que je suis de Saint-Lô, pas de Brest. Il croit que je ne peux pas faire la relation avec le Moulin Blanc. C'est un manipulateur.

Rien n'y fait. Le major ne démord pas de son analyse. Une sage réaction ou un terrible aveuglement ? Malgré tout, j'ai bon espoir que la suite de l'audition me donne raison.

20 h 30. Après avoir dîné et donné un sandwich à Francis Heaulme, nous reprenons. Je lui demande ce qu'il voulait faire sur la plage ce jeudi soir, avec sa matraque.

— Lorsque je vous parlais du jeudi soir, me répond Francis, je dois vous dire que j'envisageais de commettre un vol dans une voiture. En fait, je n'ai rien fait et je suis rentré à la communauté vers 22 heures.

L'atmosphère n'est plus du tout la même. Heaulme a compris qu'il est en danger. Il pense en avoir trop dit. Il a sans doute réalisé que je ne suis pas un enquêteur de Saint-Lô.

— Le vendredi 12 mai, je ne suis pas allé à la plage. Par contre le 13, je m'y suis rendu après mon travail. J'étais en compagnie d'Henri L. vers 20 heures. Henri partageait ma chambre dans la communauté. Il est âgé de 40 ans environ. Il porte un blouson de cuir noir et a les cheveux grisonnants courts. C'est bien ce jour-là, le 13 mai, qu'après avoir mangé à la communauté j'ai décidé de partir. Il était 20 heures quand j'ai demandé mon pécule. Je n'avais aucune raison particulière de partir, il s'agissait d'un coup de tête. Je portais à ce moment-là un pantalon noir et une chemise blanche ainsi que mon sac.

— Et concernant le dimanche 14 mai ?

— Je me souviens d'être allé dormir sur la plage de Brest, au niveau de l'arrêt de bus situé près du bar Le Longchamp.

Soudain, il s'arrête de parler et change d'attitude. Il se redresse. Il me regarde comme s'il sortait d'un songe :

— Je dois revenir sur des parties de ce que je vous ai dit. Premièrement, le 13 mai 1989, au cours de l'après-midi, je me suis rendu à Quimper en stop. Deuxièmement, arrivé à Quimper, j'ai été victime d'un malaise et j'ai été hospitalisé en cardiologie, au centre Laënnec. J'y suis resté jusqu'au 16 mai 1989, jour où j'ai rejoint la communauté de Quimperlé. Je n'ai donc rien à voir avec votre affaire.

Le fil vient de se couper. J'insiste :

— Francis, es-tu sûr de ce que tu racontes ?

Il ne veut plus répondre. Il est alors 23 h 30. Je quitte le bureau et saute sur un téléphone. Il faut vérifier d'urgence sa situation au 14 mai. Je suis certain qu'il n'était pas à l'hôpital de Quimper le dimanche après-midi. Je décroche le combiné et demande le service de cardiologie. On me prie de rappeler le lendemain. J'explique la gravité de la situation, j'ai besoin que l'on vérifie la présence effective de Francis Heaulme au 14 mai. L'infirmière de garde consulte le registre du service.

— Ce monsieur était hospitalisé du 13 au 16 mai 1989 dans le service de cardiologie de Quimper.

Ce n'est pas possible. C'est à quatre-vingts kilomètres de la plage du Moulin Blanc. Je ne veux pas y croire, j'insiste. A-t-il quitté le service le dimanche après-midi ? J'ajoute que je le soupçonne d'avoir participé à une agression... Le personnel m'assure qu'on ne quitte pas un service de cardiologie pour y revenir quelques heures plus tard. On me fait gentiment comprendre qu'ici ce n'est pas un moulin. J'appelle alors la brigade de recherches de Quimper pour qu'une équipe se rende aussitôt sur place et épluche elle-même ce registre. J'attends. Mes collègues vont probablement trouver la source de l'erreur.

Pendant ce temps, Francis Heaulme est dans la pièce d'à côté. Minuit trente. Le téléphone sonne. Le chef de la BR de Quimper au bout du fil m'assure qu'ils ont tout vérifié, notre suspect n'est pas sorti ce jour-là. C'est anormal, je n'y crois toujours pas. En attendant, le tueur présumé a un alibi, je ne peux plus le retenir. Je retourne dans le bureau et donne discrètement au major JR le résultat des recherches. Il n'a pas l'air plus surpris que cela. Il est même condescendant. Dans son regard, je lis : « Petit jeune, tu t'es énervé pour rien... »

Malgré tout, je me demande s'il ne serait pas préférable de garder Heaulme le temps de faire une saisie de dossier médical à l'hôpital. J'appelle le juge d'instruction. Je lui explique la situation. Il pense qu'il vaut mieux le laisser partir afin de ne pas utiliser les dernières heures de garde à vue. Je me propose d'aller moi-même, dès le lendemain, au service de cardiologie.

Je retourne au bureau. Heaulme est amusé, détendu. Il sait que l'on ne peut rien lui faire. Comme il se fait tard, il me demande s'il peut rester dormir là, dans une cellule... Pourquoi pas, il n'y a aucune raison pour que je refuse.

À 7 heures, je le réveille.

— Merci à toi, j'ai passé une bonne nuit, me dit-il sans complexe ni l'ombre d'une quelconque ironie.

Avant qu'il ne reparte, nous prenons un café ensemble. J'essaie de comprendre un peu mieux cet étrange personnage. Mais il ne parle plus. Je me risque à lui dire :

— Si tu as un problème, si tu revois des scènes de guerre, n'hésite pas à te faire soigner.

Il me lance :

— François, tu ferais un bon « spycatre » !

François au lieu de Jean-François, a-t-il bien compris mon prénom ? Je note sans relever.

Des photos anthropométriques sont réalisées. Amusé, il me donne sa photo d'identité. Je procède à un prélèvement de terre sous ses chaussures. La fouille de son sac reste vaine et les vêtements qu'il possède proviennent du Secours catholique de Caen. Il n'a pas de couteau, pas de courrier. Je ne récolte aucun indice.

Finalement, nous nous séparons. Je le regarde partir tranquillement en direction de Caen, la démarche déglinguée, portant son sac à dos. J'ai l'impression qu'il se passe quelque chose de grave et que je ne peux rien y faire.

Quant à moi, je reprends la route de Rennes, la mort dans l'âme. De son côté, le major JR considère comme close la piste Heaulme. Je suis déçu et me demande encore ce qui s'est réellement passé.

Quatre heures plus tard, je suis à Quimper. Je file au service de cardiologie et demande à rencontrer le médecin chef de service. Accompagné de deux infirmières, il se présente au bout d'un long couloir. Le médecin est déjà au courant de mes démarches. Il tient le dossier médical de Francis Heaulme. Je lui fais part de mes sérieux doutes sur sa présence le 14 mai. Il m'écoute poliment, et me sort un relevé de température qui va couper court à notre conversation. Il est indexé : « Francis Heaulme, 14 mai 1989, 17 heures. » On peut y lire que le patient n'a pas de température. 17 heures, l'heure du crime. L'alibi est irréfutable, comment est-ce possible ?

Il ne me reste plus qu'à trouver Henri L. avec qui Francis Heaulme a passé son temps avant le meurtre. Quelques heures d'investigations près de Brest, et le doute s'installe de plus belle.

3

Sur la piste du tueur

De retour à la gendarmerie du Relecq-Kerhuon, je souhaite qu'on réalise au plus vite un bilan complet des investigations effectuées. Une analyse de l'ensemble des éléments recueillis pourrait être soumise aux enquêteurs. Mes deux coéquipiers, Jean-Claude et Jean-Paul, ont attentivement écouté le récit que je leur ai fait de l'audition de Francis Heaulme. Ils me mettent en garde sur le risque de discrédit que cette affaire pourrait provoquer. Une telle orientation semble tellement irrationnelle ! Nous décidons de programmer une réunion avec l'ensemble des équipes d'enquêteurs.

Ce jour-là, de nouvelles têtes se mêlent aux visages connus. Le commandement de la place de Brest s'est déplacé au grand complet. Le signal d'un problème qui s'annonce... Dans un climat tendu, le tour de table commence.

Jean-Claude et Jean-Paul reprennent point par point les étapes qui ont marqué la vie d'Aline. Leur façon de travailler me fait penser à la lente avancée d'un rouleau compresseur : vies professionnelle, familiale, relationnelle, intime sont passées au crible. Un par un, ils citent les témoins proches de la victime et ceux sur lesquels les investigations restent à poursuivre.

Plus ils avancent dans leur exposé, moins j'ai le sentiment que cette direction-là nous mènera quelque part.

La solution est ailleurs. Aline était une femme sans histoires. Ce meurtre n'a pas de mobile apparent. Faut-il croire à un acte gratuit ? L'action d'un déséquilibré ? Ou bien encore à un meurtre prémédité ? Impossible de ne pas y repenser... Mes oreilles résonnent encore de cette voix blanche au timbre neutre, entendue en Normandie... Cette voix hachée qui délivre les mots un par un, les compte comme quelque chose de précieux, et qui subitement se tait. Ces mots espacés d'étranges silences que souligne un regard vif et immobile.

Je ne peux me résoudre à croire que tout ce qu'il m'a dit n'est que le fruit du hasard. Et toujours la même question, d'autant plus lancinante que j'ai l'impression d'être le seul à chercher une réponse : qui est Francis Heaulme ? Qui est ce curieux personnage ?

C'est au tour de l'équipe de Bertrand, toujours à la recherche de nouveaux témoins sur Le Relecq-Kerhuon, de prendre la parole. Infatigables, ils réussissent à en trouver d'autres. Le bulletin météo du 14 mai de la station de Guipavas sert de base pour fixer l'arrivée des promeneurs sur la plage. Or, ce jour-là, il n'a fait vraiment beau qu'à partir de 15 heures. Ainsi, une à une, les pièces du puzzle de la plage finissent par s'assembler. Au fil des heures, chaque individu peut être situé par rapport aux autres, dans ce décor qui entoure la scène du crime. Des zones d'ombre demeurent cependant. Une, particulièrement : qui est cet homme que plusieurs témoins ont aperçu assis sur les rochers au-dessus de la victime ? L'enquête a d'autre part confirmé que des communautaires d'Emmaüs fréquentaient bien la plage, mais nous disposons de trop peu d'éléments quant à leur identité. En vérité, nous savons à peine qui ils sont.

François, le « patron » de la brigade de recherches, poursuit l'exposé. Les pistes suivies ont été « fermées » les unes après les autres. Les délinquants locaux n'ont rien à dire sur les faits. Les ex-détenus libérés avant l'agression ont été retrouvés, et les rumeurs de toutes sortes qui se faisaient jour dans la ville sont démenties. Lorsque nous abordons le cas de l'agresseur de la place du Château de Brest le soir du 14 mai, toujours évaporé dans la nature, les visages de mes collègues parlent d'eux-mêmes : nombreux sont ceux qui pensent qu'il s'agit là de notre homme.

Puis vient mon tour. Je sens que certains n'attendent qu'une faille pour m'écarter de l'enquête. Quelques minutes suffisent pour retracer la rencontre pour le moins surprenante avec Francis Heaulme. Je passe tout en revue. J'ai à peine fini que déjà les réactions s'enchaînent. Ceux qui me connaissent m'interrogent du regard. Ils espèrent que j'ai bien estimé la situation. D'autres se montrent sceptiques et le clament. Je continue pourtant : il faut définir un véritable plan de travail. Découvrir bien sûr toute trace du passage du suspect à Brest, mais aussi retrouver d'autres habitués de la plage, identifier de nouveaux SDF, localiser les communautaires présents à Emmaüs le 14 mai. Je conclus en faisant part de ma décision de retourner à l'hôpital de Quimper. Il y a certainement un détail qui m'a échappé. L'ambiance est franchement hostile.

La réunion terminée, je suis appelé par le commandant de compagnie de la gendarmerie de Brest, très sceptique sur ma façon de mener l'enquête.

— Je ne comprends pas pourquoi vous n'impliquez pas tous les enquêteurs pour identifier l'agresseur de la place du Château. C'est sûrement l'assassin !

Le ton est cassant, l'homme semble irascible. Je lui fais observer que le suspect dont il parle est recherché par les services de police de la ville qui ont enregistré la plainte de la victime. J'ajoute :

— C'est un fait en rapprochement, qui est pris en considération avec l'apport d'une équipe d'enquêteurs.

Par ailleurs, nous avons aujourd'hui une orientation intéressante avec Francis Heaulme.

— Vous appelez ça une orientation ! ? Nous traiterons nos affaires seuls !

Visiblement agacé, il lâche en guise de conclusion :

— À partir d'aujourd'hui votre effectif sera réduit au strict minimum !

Incompréhension des mécanismes d'une enquête, défense de son pré carré ou jalousie professionnelle ? Difficile, encore aujourd'hui, de comprendre les réels motifs de cette décision. Quoi qu'il en soit, elle est sans appel. Dès le lendemain à la brigade du Relecq-Kerhuon, le nombre de gendarmes fond comme neige au soleil.

Par chance, notre statut d'enquêteurs me permet de me libérer de cette hiérarchie. Les effectifs sont réduits, mais les équipes principales sont restées en place. Avec ou sans l'aide de nos collègues de Brest, nous poursuivons nos investigations.

Nous disposons maintenant d'une photographie de Francis Heaulme qui est systématiquement présentée aux témoins entendus. Bertrand m'informe alors qu'il n'y a jamais eu de dénommé Henri L. à la communauté Emmaüs. J'apprends également que notre suspect a été réformé et qu'il n'a jamais fait l'armée. De plus, la nature des coups portés à la victime ne figurent pas dans la presse. C'est un début. Toutefois, son alibi tient toujours.

Comme prévu, je me rends une nouvelle fois au centre hospitalier Laënnec de Quimper. Après plusieurs jours, la glace n'a pas été totalement brisée, mais les premiers contacts avec le personnel sont devenus moins frileux. Ces discussions renouvelées, timides d'abord puis plus assurées, permettent de recueillir quelques confidences. Le 13 mai 1989, l'arrivée de Francis Heaulme n'est pas passée inaperçue. Déposé aux urgences le samedi soir par les pompiers de la ville suite à un malaise sur la voie publique, il est admis au service de cardiologie.

— La réalité est qu'il avait besoin de repos, et non de soins... Si vous préférez, il n'avait rien au cœur. Il avait un peu bu... Je me souviens, nous l'avons placé dans la chambre de M. K., me confie un membre de l'équipe d'aides-soignantes.

Ce patient, retraité de l'enseignement, est toujours hospitalisé. Se souviendrait-il de son voisin de chambre ? Aurait-il remarqué quelque chose ?

Je le rejoins dans sa chambre. L'homme de 65 ans, allongé sur son lit, semble affaibli par la maladie. Il m'accueille pourtant le sourire aux lèvres. Immanquablement, je pense à l'instituteur qu'il a été. Je l'imagine calme et attentif avec ses élèves.

— Bonjour, monsieur, dis-je, je travaille à la section de recherches de la gendarmerie de Rennes, je ne vous dérange pas ?

Il me répond en souriant :

— Mais non, monsieur, entrez !

Sa voix est chaleureuse et assurée. Cette audition va être constructive.

— Mon travail consiste à vérifier l'emploi du temps d'une personne. C'était le 14 mai dernier. Un long week-end. Vous en souvenez-vous ?

— Je crois. Enfin je vais essayer de me souvenir... Que voulez-vous savoir ?

Tout en préparant ma machine à écrire, je lui soumets la photo d'identité que Francis Heaulme m'avait remise.

— Je me souviens de cet homme, me déclare-t-il en montrant du doigt le portrait. J'ai partagé ma chambre avec lui. Il était de grande taille. Il n'est resté avec moi que ce week-end du 13 au 15 mai 1989. Il m'a dit être lorrain et parlait des communautés Emmaüs.

— Vous souvenez-vous si cette personne est restée avec vous dans la chambre, ou si elle s'est absentée ?

— Je crois qu'il est resté là, poursuit-il après un instant de réflexion, mais je n'en suis pas certain. Je pense que s'il est sorti, il ne s'est pas absenté longtemps. Il occupait son temps à dormir ou à lire des magazines que je lui prêtais. À la réflexion, je me rappelle avoir évoqué son départ avec une aide-soignante, car elle avait trouvé du sable sous son lit. Nous avions alors parlé du meurtre commis à Brest ce week-end-là.

L'homme pèse ses mots, comme s'il pressentait l'importance de son témoignage.

— Si vous avez évoqué ce meurtre, c'est qu'il s'est absenté, non ?

— Comme je vous l'ai dit, pour moi, s'il est sorti, ce n'est qu'un moment ! martèle-t-il.

Sa réponse est formelle, mais il ne se souvient plus de l'aide-soignante avec laquelle il s'est entretenu. Il n'est donc pas en mesure d'évaluer réellement le temps d'absence de son voisin de chambre. Encore une fois, j'ai le sentiment que cette affaire n'est gouvernée que par des non-dits, des ellipses et des temps morts.

Poursuivant notre entretien, je lui demande alors comment on procède au relevé des températures. Sans paraître étonné par ma question, il m'offre une réponse pour le moins essentielle :

— Le week-end amène un rythme différent des autres jours de la semaine... La température est relevée vers 16 heures, 16 h 30, par les aides-soignantes. Elles mentionnent la température indiquée sur les thermomètres posés sur la table de nuit...

Posés sur la table de nuit !... Ce qui sous-entend que les patients ne sont pas toujours présents au moment des relevés. À cet instant, je crois distinguer une petite lueur d'espoir. J'enchaîne :

— Si une personne est absente lors de leur passage, que font-elles ?

— Le thermomètre est posé sur la table de nuit vers 13 heures, m'explique-t-il. Si le malade est absent, elles notent la température indiquée, même hors de sa présence.

J'y suis ! Si cette information est confirmée par une aide-soignante, la fiche de température de Francis Heaulme ne pourra plus être considérée comme un alibi formel. Immédiatement, je demande à revoir la liste des infirmières qui étaient en service ce 14 mai. Malheureusement, chaque entretien est un échec. Aucune ne se souvient, ou ne veut se souvenir du 14 mai. Il règne un certain malaise, et pour cause...

Une infirmière me confie :

— Vous ne trouverez personne pour vous déclarer qu'un relevé de température a été réalisé en l'absence du malade. C'est un coup à perdre sa place... Les médecins ne plaisantent pas avec ça. Mais, je peux vous le dire, cela arrive quand même... Surtout dans des cas comme le vôtre, ce malade n'en était pas un. C'est en quelque sorte une « hospitalisation refuge » pour lui... Par contre, je peux vous affirmer que les chambres sont nettoyées tous les jours. Il est impossible que du sable soit resté sous son lit pendant plus d'une journée.

Me voilà bien avancé. La vérité semblait à portée de main, mais elle se dérobe encore.

À Brest, le juge d'instruction suit pas à pas l'avancement de l'enquête depuis la première heure. À mon retour de Quimper, nous nous rencontrons pour déjeuner. Nous avons le même âge. Il est brestois et a été surpris par le caractère inattendu de ce meurtre. Dans un petit restaurant de la ville, entre deux salades et une bouteille d'eau gazeuse, je lui livre mes sentiments sur ce dossier.

Je ne lui cache rien. L'homme est attentif, un des seuls, jusque-là, à sembler accorder de la crédibilité à mes investigations. Cela me soulage un peu. Toutefois, son avis est sans appel : rien ne permet de mettre en examen le sans domicile fixe hospitalisé d'urgence.

Nous sommes déjà en août. Deux mois ont passé depuis le meurtre d'Aline. Et rien, ou presque. Les jours s'écoulent, et plus aucun renseignement important ne nous parvient. « Il faut élargir les recherches et aller directement à la source... » Cette phrase, Jop, mon ancien coéquipier, la prononçait souvent...

Dans la gendarmerie, on a coutume de dire qu'il faut laisser parler l'expérience. J'applique donc cette devise et pars m'installer à Rosny-sous-Bois, en Seine-Saint-Denis, au 1, boulevard Théophile-Sueur. C'est là que se trouvent les locaux du service technique de recherches judiciaires et de documentation de la gendarmerie. Je ne connais pas de meilleure source d'informations. Ici, tous les crimes et délits commis en France sont recensés, archivés, et les demandes de renseignements sur des personnes y transitent obligatoirement. Peut-être y a-t-il ici trace d'une affaire qui ressemble au meurtre de la plage, des similitudes ou des rapprochements que l'informatique aurait omis de signaler.

Serge L., un des chefs de service, a l'habitude de me voir venir éplucher les archives, ce n'est pas la première fois que j'effectue cette démarche pour une enquête. Il m'accueille avec un sourire et lance joyeusement :

— Ton bureau est prêt !

Le plaisir des retrouvailles passé, nous entrons rapidement dans le vif du sujet. J'ai à peine le temps de terminer qu'il m'apporte un télex.

— Regarde ce que je viens de recevoir, me dit-il. C'est une demande de renseignements de la brigade de recherches d'Avignon sur un nommé Francis Heaulme. Il y a un meurtre bizarre là-bas.

Cette fois, la chance est de mon côté.

Deux coups de téléphone et quelques centaines de kilomètres plus tard, je suis dans le Vaucluse. Direction Courthézon, en compagnie du chef de la brigade de recherches d'Avignon qui s'est proposé pour me conduire. Son affaire est effectivement curieuse : le corps d'un homme de 60 ans a été retrouvé dans les broussailles près d'une rivière, le crâne fracassé à coups de pierre, en bordure d'un chemin vicinal qui mène à une communauté Emmaüs.

Emmaüs, étonnante similitude...

La voiture s'arrête. Par un chemin bordé de taillis et d'arbustes, nous rejoignons à pied les bords de l'Ouvèze. Bientôt apparaît le lit asséché de la rivière.

« Le corps a été découvert là sous cet arbre. Il a été tué sur les galets. La victime n'avait plus de pantalon. Par contre, nous avons trouvé un jean à dix mètres d'ici. Il correspond à une personne de grande taille. Il était taché de sang, et contenait dans une poche un morceau de papier avec seulement six chiffres d'un numéro de téléphone... Tu as vu la violence sur les photos, je ne comprends pas ce qui s'est passé. » La mort remontait déjà à vingt-quatre heures quand on a découvert le corps. L'homme était un ancien légionnaire installé dans la région depuis des années. Un célibataire sans histoires.

Le décor de cette scène de crime me rappelle la plage. Un homme agressé au bord de l'eau, une route proche, une communauté Emmaüs non loin et cette violence difficile à comprendre.

Et puis cette indication confiée par le chef dans la voiture :

— Voilà Courthézon, c'est près de cette place que le dénommé Francis Heaulme a été contrôlé. Le jour de la découverte du corps, il était en bermuda.

Une différence de taille tout de même : la victime est un homme.

Au bureau de la brigade de recherches d'Avignon, je fais part à mes collègues de l'enquête menée à Brest. Le chef estime le rapprochement de ces affaires intéressant, mais il précise :

— Heaulme arrivait de Marseille où il avait été hospitalisé. Il est par conséquent hors de cause dans ce dossier. Je n'ai donc rien à lui demander.

— Oui, mais chaque fois qu'il est censé être à l'hôpital, quelqu'un meurt près d'une communauté Emmaüs... Quoi qu'il en soit, tu peux toujours lui faire essayer le pantalon découvert près de la victime !...

Mon dernier argument fait mouche. Le chef décide d'inscrire Heaulme sur le fichier des personnes recherchées. Il promet de m'aviser dès sa localisation. Sur ces derniers mots, nous nous séparons.

Avant de rentrer en Bretagne, deux dernières vérifications s'imposent. En franchissant le porche de la communauté Emmaüs de Bédarrides, j'aperçois au fond de la cour un bâtiment d'un seul étage, toutes fenêtres ouvertes et baigné de lumière. L'endroit est accueillant. Heaulme ne figure pas sur les registres :

— Vous savez, normalement nous inscrivons le nom de tous les gens sur un registre. Il arrive parfois qu'il y ait des oublis pour ceux qui ne restent qu'une nuit, m'explique le responsable.

À l'hôpital de Marseille-Nord, Francis Heaulme n'a plus été aperçu depuis le samedi 7 août au matin. Précisément le jour du meurtre du retraité.

Dans le même temps, à Brest, l'enquête a quelque peu progressé. Une trace du passage de Francis Heaulme a été retrouvée. Le capitaine du bureau de recrutement de l'armée de terre est rodé aux candidatures à l'engagement. Toutefois, celle de notre suspect ne l'a pas laissé indifférent.

C'était un jour de mai, aux alentours du 15...

— Il a alors insisté, me disant qu'il vivait dans un foyer, qu'il était dans le besoin et que l'armée était sa seule issue... Il m'a dit qu'il voulait tuer. Après un temps d'arrêt, il a ajouté : « Pour la France. » C'est cette réflexion qui m'a frappé... Ce qui m'a marqué c'est sa volonté de tuer.

Là encore, des indices, des recoupements singuliers, mais aucune preuve.

Les mois passent. Pendant ce temps, Francis Heaulme se balade toujours quelque part en France. Finis les beaux jours, l'hiver fait déjà son entrée. Le temps semble m'échapper et l'enquête piétine.

Il est 13 heures, ce dimanche 19 novembre, quand je reçois un appel du chef de la brigade d'Avignon :

— Francis Heaulme vient d'être contrôlé en Meurthe-et-Moselle. Il est retenu à la gendarmerie de Blainville-sur-l'Eau. Je prends le premier train et on se retrouve là-bas.

Un coup de fil à la permanence de la SR et me voilà de nouveau sur les routes. Il pleut des cordes et il fait froid. Le trajet paraît interminable.

22 heures. La nuit est tombée depuis longtemps lorsque j'aperçois enfin la brigade. Je retrouve le chef. Lui aussi vient d'arriver, visiblement fatigué par le long voyage en train. Il n'a pas encore vu Francis Heaulme, gardé à l'écart dans une autre pièce. En deux mots, nous évoquons l'état de nos enquêtes respectives. Rien de nouveau. Je me permets une ultime recommandation :

— Surtout, ne te fie pas à son physique, il sait en jouer. Ne le sous-estime pas, c'est un manipulateur.

Mon collègue ne semble pas en forme. Il est toutefois certain de confondre Francis Heaulme :

— J'ai des pièces à conviction, me lance-t-il.

Avant le passage dans la salle d'audition, Heaulme, sous la surveillance d'un gendarme, me croise. Il n'a pas changé. Je lis dans ses yeux la surprise de me voir. Il me lance un « Bonjour François ! ». Il se souvient bien de moi, toujours ce lapsus sur mon prénom. Je lui tends la main. Sa poignée si molle me ramène aussitôt en Normandie...

L'audition sera longue, le ton choisi percutant : de but en blanc, le chef annonce qu'il enquête sur un homicide et qu'il le soupçonne. Francis Heaulme se déclare étranger à l'affaire avant de décrire son parcours de Marseille à Orange, de Courthézon à Bédarrides. Les détails pleuvent... Des histoires invérifiables, j'en ai la certitude.

Heaulme est glacial. À 1 h 30, l'audition se termine. Le chef est sensiblement agacé et me fait comprendre qu'il perd son temps. Il quitte rapidement la brigade. Demain, une perquisition aura lieu dans la chambre qu'occupait Francis Heaulme à la communauté Emmaüs de Mont-sur-Meurthe. Pour l'heure, il est prévu qu'il passe la nuit ici. Je profite de l'occasion et l'accompagne jusqu'à sa cellule. J'engage la conversation :

— Décidément Francis, tu es souvent placé en garde à vue. Lorsque j'ai su que tu étais ici, j'ai pensé qu'il fallait que je vienne te voir.

Francis tourne la tête vers moi et ne répond pas. Il est pensif, fatigué. Il pose ses affaires sur une petite table : quelques pièces de monnaie, un vieux briquet, puis retire ses lacets. Au moment d'entrer dans la chambre de sûreté, il se tourne vers moi. Nous sommes très près l'un de l'autre et je dois lever la tête pour le regarder. Calmement, il me répond :

— François, je sais que tu sais... c'est un « pépin », cette histoire.

Un aveu, sans en avoir l'air ? Francis Heaulme dans toute son ambiguïté. J'essaie de dissimuler ma surprise.

— Je t'écoute, Francis, je suis là pour ça.

— Laisse-moi. Je sais que tu sais, mais tout ça c'est de la faute du Gaulois. C'est tout, maintenant je vais dormir.

Le ton a changé. Heaulme s'est repris, il est déjà reparti dans son monde. C'est pire que j'imaginais. Il glisse, et m'échappe, là, à quelques centimètres seulement. J'ai l'intuition qu'il n'a pas tué seulement sur la plage du Moulin Blanc. Et, une fois encore, aucun élément pour le confondre.

Le lendemain, à 11 heures, le chef termine ses vérifications. Mes échanges avec Francis ne peuvent le convaincre. Désormais, sa conviction est faite :

— Il était à l'hôpital de Marseille-Nord, n'est-ce pas ?

Quarante-cinq minutes plus tard, au moment de sa remise en liberté, je tente une dernière approche.

— Francis, tu es certain de n'avoir rien à me dire ?

— Non ! répond-il, l'air fermé.

— C'est qui, ce « Gaulois » ?

— C'est un Gaulois, c'est tout !

Il ne veut plus parler et me demande de le laisser. Je le conduis jusqu'au portail. Impuissant, je le regarde s'en aller pour la seconde fois. Je me sens isolé et surtout inquiet. Personne ne semble voir que, derrière ce physique de grand échalas qui ne paye pas de mine, pourrait se cacher un homme particulièrement dangereux. Venons-nous de relâcher dans la nature un véritable tueur ?

4

Le Gaulois

Janvier 1990. Le temps passe et le meurtrier du Moulin Blanc court toujours... Tout comme l'agresseur de la place du Château. Pour cette dernière affaire, l'enquête policière s'est orientée vers un règlement de comptes. Il s'agirait d'une banale affaire d'escroquerie, d'ailleurs la victime d'hier est aujourd'hui sous les verrous.

De mon côté, les effectifs ont encore été diminués. Jean-Claude et Jean-Paul sont repartis vers d'autres affaires. Ils m'ont laissé la « cartographie » d'Aline. Toute une vie couchée sur papier, presque dans les moindres détails, et rien qui nous permette d'expliquer son assassinat. Bertrand, quant à lui, a rejoint son unité locale du Relecq-Kerhuon. À Brest, grâce à l'intervention très diplomatique de mon patron, les différends s'estompent quelque peu. Les gendarmes de la brigade de recherches ont accepté de partager les informations qui pourraient nous intéresser. On verra bien. En attendant, je n'ai plus de coéquipier permanent. L'équipe initiale a donc été sévèrement réduite. À croire que la mort de cette femme n'intéresse plus personne.

Ces enquêtes au long cours sont rarement appréciées par les différents états-majors. Ils rechignent à maintenir opérationnel plus de quelques semaines le personnel pourtant nécessaire. Ceux qui travaillent sur une affaire de meurtre ne font rien d'autre. Quand la solution tarde à venir, et c'est souvent le cas compte tenu de la multitude de recherches à engager, l'affaire est très vite perçue comme une perte de temps et d'argent. Les coupes franches dans les moyens sont bien souvent précédées d'arrestations parfois inutiles. Une façon de se justifier devant les magistrats : si l'auteur n'est pas confondu, ce n'est pas faute d'avoir tout essayé.

Malgré tout, un certain nombre d'enquêteurs restent en veille et peuvent venir prêter main-forte à tout moment.

En attendant, je poursuis l'enquête. Les SDF sont devenus ma priorité avec pour principal objectif le Gaulois. Ce nom a été lâché volontairement par Francis Heaulme. Il est sûrement l'une des clés de l'énigme. La plupart des marginaux qui fréquentaient les abords de la plage du Moulin Blanc ont été identifiés et localisés. Depuis le meurtre, ils se sont disséminés un peu partout en France. Certains sont à Saint-Brieuc dans les Côtes-d'Armor, d'autres à Douai dans le Nord, à Lyon, Bordeaux ou encore Paris. Un à un, je vais les auditionner. Une entreprise qui demande beaucoup de patience... car, s'ils se déplacent souvent, que dire de la manière dont il faut parfois les approcher ? Pour l'un d'eux, j'ai dû prendre la place d'un guichetier au bureau de perception du RMI du XIIIe arrondissement. Il n'existait pas de photographie de ce témoin. Nous ne connaissions que son nom et le quartier où il était censé vivre. Il a fallu attendre plusieurs jours avant qu'il vienne percevoir ses allocations et que je puisse enfin l'entendre.

La vingtaine de SDF auditionnés et les milliers de kilomètres parcourus n'amènent que peu d'informations exploitables. Aucune en tout cas pour remonter jusqu'au Gaulois, qui semble s'être volatilisé sur les routes. Rien non plus sur Heaulme et sa présence dans la communauté Emmaüs ou sur la plage le jour du meurtre. Je ne suis pas inquiet pour autant. Par expérience, des indices peuvent être découverts, même longtemps après les faits.

Paris, lundi 13 juin 1990, 12 h 45. Didier M. est contrôlé par une patrouille de police à la gare d'Austerlitz. Cet homme est l'ancien cuisinier de la communauté Emmaüs du Relecq-Kerhuon. Il était là, il y a plus d'un an, ce fameux dimanche 14 mai 1989. Par chance, mon ancien coéquipier Jean-Claude travaille sur Paris. Je lui demande de s'en occuper le temps de le rejoindre. Avec un collègue, ils prennent en charge ce témoin.

Pour ma part, après avoir récupéré l'album photographique du dossier, où tous les témoins entendus depuis le début de l'enquête sont répertoriés, je prends la route. Il est plus de 21 heures lorsque j'arrive à la gendarmerie des Minimes. Je me suis fait piéger par les embouteillages aux abords de Paris. Plus de trois heures perdues...

Dès mon arrivée dans les locaux du service, Jean-Claude vient à ma rencontre.

— La garde à vue a été notifiée, m'annonce-t-il, nous avons commencé le curriculum vitae. Le contact est bon, mais il n'est pas très bavard. Nous n'avons pas abordé les faits.

— À quoi ressemble-t-il ?

— C'est un homme de 35 ans. Originaire du nord de la France. Blond, taille moyenne, solide. Il est sans domicile fixe depuis une dizaine d'années. On a trouvé un poignard dans ses affaires. Il dit le posséder depuis l'armée. Quoi qu'il en soit, ce couteau ne peut pas être celui utilisé par le tueur. C'est un alliage de chrome et de nickel... Voilà, tu peux y aller, il t'attend.

Quand j'entre dans le bureau où nous allons l'interroger, Didier M. me regarde sans aménité. Il rentrait des obsèques de son frère jumeau lorsqu'il a été appréhendé. Il ne comprend pas pourquoi il se retrouve en garde à vue, surtout en ces circonstances... Il a le visage fermé, dur, de ceux à qui la vie n'a pas fait de cadeau. Son parcours me rappelle celui des nombreux marginaux que j'ai rencontrés ces dernières semaines. Familles très modestes, échecs scolaires, petite délinquance, séjours en prison... Didier M. n'est pas un voyou pour autant. Il a rompu depuis longtemps avec son passé agité.

S'il vit de communauté en communauté, il travaille comme cuisinier. De quoi être logé, nourri et obtenir en fin de mois un petit pécule d'à peine 500 francs. Aujourd'hui, il a 200 francs en poche. Toute sa fortune.

Les présentations faites, je commence l'audition par les questions générales d'usage. Une façon de ne pas heurter d'emblée son interlocuteur. Nous commençons par retracer son parcours sur les routes avant son arrivée à Brest, ce printemps 1989. Boulogne-sur-Mer, Lens, Châteauroux, Bordeaux, Brest et Le Relecq-Kerhuon.

— Vous savez, lorsque vous n'avez plus de domicile, m'explique-t-il comme pour s'excuser, il est impossible de s'installer à un endroit. Les foyers ne vous prennent que quelques jours et vous êtes obligé de repartir.

— Pouvez-vous nous relater quelques événements marquants survenus lors de votre séjour à la communauté du Relecq-Kerhuon ? intervient Jean-Claude.

— Oui, répond-il avec animation. Un soir, un tout nouvel arrivant a commis un vol à l'intérieur de la communauté. Se voyant découvert, l'homme s'est sauvé sans attendre le responsable. Je l'ai revu plus tard à Saint-Brieuc. Je ne sais pas son nom, mais je pourrais le reconnaître. Il est grand, maigre, châtain foncé et porte des lunettes. Il paraît 40 ans... L'autre cuisinier et moi, nous avons pensé que ce type n'était pas bien, qu'il devait prendre des médicaments ou boire. Il donnait l'impression d'avoir des problèmes de mémoire.

Je lui tends mon album :

— Figure-t-il parmi ces photographies ? Prenez votre temps. Regardez-les bien toutes.

Didier M. n'a pas fini de parcourir la première page qu'il pointe du doigt le cliché n° 3. Il est formel, il s'agit bien de l'homme qui a commis le larcin dans la communauté Emmaüs. À notre grande surprise, Didier M. vient d'identifier Francis Heaulme. Notre suspect s'était bien gardé de m'avouer les raisons exactes de son départ...

— Voyez-vous d'autres éléments importants survenus à l'intérieur ou à l'extérieur de la communauté ?

— Oui, le meurtre commis sur la plage. C'était un dimanche... C'était d'ailleurs le lendemain du vol dont je vous ai parlé tout à l'heure... Ce jour-là presque toute la communauté était absente.

Heure par heure, Didier M. nous retrace cet après-midi dominical, détaillant les conversations des uns et des autres, leurs allées et venues. Il parle sans retenue et cherche à être le plus précis possible. Pour avoir déjà entendu tous les autres communautaires, je sais qu'il ne ment pas. Toutefois, il oublie de se situer à 17 heures, c'est-à-dire au moment du crime. Rien non plus sur les deux heures qui suivent. Cet oubli est pour le moins suspect. Que cherche-t-il à cacher ?

Je l'interromps :

— Nous comprenons bien qu'il est difficile de se souvenir de son emploi du temps un an après, mais pour bien replacer les événements dans leur contexte, nous avons besoin du maximum de détails. Essayez de vous souvenir de ce week-end-là. Dites-nous ce que vous avez fait du samedi 13 mai au lundi 15...

— Je veux bien essayer, mais ça fait déjà loin, poursuit-il d'un ton las. Le samedi 13 mai... À 8 heures, j'ai servi les petits déjeuners... Vers 13 h 30, je suis allé faire un tour à l'extérieur. Je suis allé acheter une bouteille de rosé au Super U et je me suis installé sur les rochers, sous les arbres, à l'endroit qui domine la plage. J'aimais bien aller là-bas. J'y allais souvent. Vers 15 heures, un ancien communautaire, Philippe D., m'a abordé. Il était menuisier chez Emmaüs. Nous avons discuté et bu un coup ensemble. Je croyais qu'il avait quitté la région et j'ai été surpris de le voir encore là.

La veille du meurtre, ces deux hommes se sont donc installés à l'endroit même d'où, le lendemain, le tueur repérera sa victime. Qui est ce Philippe D. ? Il faut absolument que j'en sache davantage, mais il est déjà 2 h 30 du matin. Je sens mon interlocuteur fatigué de ce jeu de questions-réponses. Je décide de suspendre l'audition. Elle ne donnera plus rien.

Alors que Didier M. est conduit dans sa cellule, je ne peux m'empêcher d'entamer quelques recherches. Je m'installe devant le terminal de l'ordinateur de la section de recherches. La confirmation de l'état civil, le dossier militaire, les antécédents judiciaires et les condamnations... Mes demandes sont transmises en urgence au fichier central. Dans quelques heures, j'aurai mes réponses. Il est maintenant temps de prendre un peu de repos.

9 heures. Une gendarme auxiliaire me remet une enveloppe. Peu épaisse. Elle contient tout ce que le fichier central a pu glaner sur Philippe D., ainsi qu'une reproduction de sa photographie. La lecture d'une vieille condamnation pour vol à la tire me paraît sans intérêt. Mais la photo de cet homme est surprenante au point que j'appelle Jean-Claude.

Sur le cliché, l'homme a les cheveux châtain clair, tombant sur les épaules. Son visage long, aux traits fins mais solidement dessinés, met en relief un nez rond assez important. Les yeux sont bleu clair sous d'épais sourcils. Et les lèvres, entourées d'une épaisse moustache tombante, descendant de chaque côté de la bouche jusqu'au bord du menton, lui donnent définitivement l'air d'un guerrier... gaulois. Philippe D., le « Gaulois » de Francis Heaulme, j'en donnerais ma main à couper !

La garde à vue de Didier M. est prolongée. À 10 heures, nous repartons en audition. D'emblée, il reconnaît Philippe D. Plus de doute, c'est bien notre homme.

Je reprends alors le fil des questions là où nous en étions restés. À la journée du 14. Et, surtout, à son emploi du temps à l'heure du crime. Didier M. est visiblement mal à l'aise. Il répond de façon hésitante, confuse. Très vite, il se ferme. Il déclare ne pas être capable de se souvenir.

— Ça fait trop loin cette histoire ! Vous savez, vous, ce que vous faisiez, il y a un an jour pour jour, entre 17 et 19 heures ? Comment voulez-vous que je me souvienne ? conclut-il.

Il a visiblement réfléchi pendant les quelques heures de repos dont il a bénéficié, me dis-je. Une fois encore, son comportement m'intrigue. De quoi a-t-il peur ? Sans domicile fixe, sans femme, sans ami, un poignard dans ses affaires... et pas d'alibi... Il a le profil du parfait coupable. Et pourtant, je ne l'imagine pas en assassin. Peut-être est-il complice ? Ou seulement témoin ?

Ce raisonnement, Didier M. a dû le tenir la nuit dernière. Sans doute redoute-t-il d'être accusé. Plus question alors de dire un mot. Je décide de jouer une nouvelle carte.

— J'ai sous les yeux le témoignage du responsable d'Emmaüs à qui vous vous êtes confié il y a un an, dis-je en lui montrant le nom inscrit sur le procès-verbal d'audition. Il nous affirme que le lundi 15, c'est-à-dire le lendemain du meurtre, vous vous êtes entretenu avec lui, pendant un bon moment, sur le meurtre du Moulin Blanc. Vous sembliez troublé. Il raconte même que vous lui auriez expliqué un scénario possible du crime. C'est bien la vérité ?

Didier M. est décontenancé. Au cours des enquêtes que j'ai pu mener, il m'est arrivé fréquemment de rencontrer des hommes comme lui. Des solitaires rugueux refusant souvent les règles sociales établies mais possédant un code d'honneur bien à eux dont ils refusent de s'écarter. Son silence est une preuve de solidarité avec ses compagnons de route, et souvent de galère. Quels qu'ils soient. Dans son monde, on ne dit jamais rien de compromettant aux représentants de l'autorité... Mais cette fois, le risque est trop grand, l'affaire trop grave. Didier M. finit par tout nous dire.

— Le dimanche, vers 16 h 30, je suis parti rejoindre Daniel, un copain. Il ne vit pas très loin de la plage. Il a un petit appartement qu'il peut se payer avec son RMI. Ensemble, nous sommes allés boire un verre au Longchamp. C'est notre café habituel. On y est bien restés une bonne heure. Et puis tout à coup, un type est arrivé en disant qu'il y avait une morte sur la plage. On lui a demandé où. Je me suis aperçu que c'était juste à côté du coin où j'aimais flâner. Ça m'a filé les jetons. Je n'ai pas voulu aller voir. Il y avait trop de monde et déjà des gendarmes...

— Pourquoi ne pas me l'avoir dit plus tôt ?

— Je ne voulais pas que vous me mettiez cette histoire sur le dos... Et puis, ça n'est pas mes oignons.

— Vous êtes pourtant revenu sur les lieux le lendemain, non ?

— Oui, c'est vrai, mais par simple curiosité, je vous le promets. Le lundi, je n'étais pas de service. Après le petit déjeuner, je suis parti pour le Longchamp. Là-bas, j'ai lu le journal dans lequel ils racontaient le meurtre. C'était dans mon coin, j'ai eu envie d'aller voir. Je voulais comprendre comment toute cette histoire avait pu se passer. En chemin, je me suis fait contrôler par un de vos collègues. Je me souviens, il avait deux galons...

Sans doute ce lieutenant, si sûr de lui sur la plage, qui décrivait lui aussi, un an plus tôt, son scénario du crime... Didier M. poursuit :

— Il m'a demandé mes papiers, malheureusement je ne les avais pas avec moi. Je lui ai dit que j'étais cuisinier à l'Emmaüs du Relecq-Kerhuon. Il m'a dit de filer. J'ai fait un petit détour et puis je suis allé sur la plage. Là, j'ai vu les traces de sang. C'était impressionnant. En les regardant, je me suis dit que le tueur avait dû être éclaboussé. J'ai pensé aussi que le meurtrier avait repéré la femme de l'endroit où je m'assois pour boire un coup. Juste au-dessus. Cette femme, le tueur la « voulait ». Je ne sais pas pourquoi, mais j'en suis sûr.

— Quand vous êtes arrivé sur la plage, vous n'avez pas vu les panneaux d'interdiction de pénétrer ?

— Je n'ai pas vu les banderoles rouges et jaunes tout de suite, parce que j'ai pris un petit chemin qui mène directement sur les lieux. Il est sur votre gauche quand vous regardez la mer. Après, c'était trop tard...

— Qu'avez-vous fait ensuite ?

— Je suis retourné à la communauté pour le repas du midi. J'ai rencontré le responsable et je lui ai raconté tout ce que je viens de vous dire. Il m'a d'ailleurs sermonné et interdit de traîner à nouveau sur les lieux.

L'audition est terminée. Je n'aborderai plus le sujet Heaulme. Je ne souhaite pas montrer à Didier M. que je m'intéresse au « grand Francis », comme j'ai fini par l'appeler. Il n'est pas exclu qu'ils se croisent à nouveau. Les routards se retrouvent fréquemment au cours de leurs multiples voyages.

Avant de mettre fin à cette garde à vue, je téléphone à Bertrand, à Brest. Je lui demande s'il veut bien vérifier très rapidement le témoignage du cuisinier. Deux heures après, il me rappelle. Il vient d'entendre Daniel, le copain de Didier M., ainsi que le patron du bar, le Longchamp. Les deux hommes confirment bien les allégations de notre témoin. Tout soupçon écarté, le prévenu est relâché. Son audition est précieuse. Je suis certain maintenant que le Gaulois n'est pas un mythe. Mieux, il était près de la plage la veille du meurtre.

Pour remonter sa piste, une nouvelle étape à Rosny-sous-Bois s'impose. Là, j'en saurai certainement plus sur cet homme au sobriquet particulièrement bien choisi.

Encore une fois, Serge L. m'épaule dans mes recherches. Des heures durant, nous allons croiser tous les fichiers possibles. Philippe D. alias le Gaulois ne s'est pas fait remarquer depuis des années. L'étude d'anciennes procédures judiciaires ne m'apprend pas grand-chose. Impossible de trouver là une adresse récente. Il sillonne les routes depuis vingt ans. C'est un homme seul, sans famille, on ne lui connaît pas non plus d'amis stables. Des pistes inexploitables... Je ne retrouverai pas ce témoin clé de cette façon. Son nom est diffusé comme témoin à rechercher, mais j'espère éviter d'attendre l'heureux hasard des contrôles policiers. Si le Gaulois est aujourd'hui sédentaire, des mois, voire des années peuvent passer avant qu'une patrouille ne l'interpelle.

Il y a peut-être une autre solution. Au fichier national des personnes recherchées, une petite manipulation informatique permet d'obtenir de précieux renseignements. L'ordinateur garde en mémoire, durant deux années, toutes les dates de contrôle d'un individu. Si pour le Gaulois je n'obtiens rien, pour le grand Francis l'imprimante crépite. Sur le listing de plusieurs pages défilent plus d'une soixantaine de dates accompagnées des heures, et des services qui l'ont contrôlé. Un fabuleux itinéraire prend forme. Francis Heaulme est en perpétuel mouvement. C'est presque impensable : entre les seuls mois d'avril et mai de cette année 1990, il est passé à Cambrai, Lunéville, Metz, Pont-à-Mousson, Verdun, Lens, Berck-sur-Saens, Trouville-sur-Mer, Mortain, Lanmeur, Lorient, Tarnos et Bayonne. Quatorze villes dans onze départements différents qui vont du nord au sud et de l'est à l'ouest de l'Hexagone. Avec ce que je crois savoir de l'homme, ce périple a de quoi inquiéter. Ne risque-t-on pas, le long de cette route, de découvrir d'autres victimes ?

Mais en ce mois d'août 1990, le Gaulois est toujours introuvable et, pour l'heure, il est le seul témoin à pouvoir changer le cours des événements. À Rennes, la situation n'est guère meilleure. Notre patron a été remplacé. Le nouveau commandant de la section de recherches, le colonel F., a pris ses fonctions et réorganise le service. Le major JR est nommé deuxième adjoint. Il est maintenant mon supérieur direct. Les changements ne tardent pas à suivre. Ma hiérarchie me demande de « penser à terminer mon enquête ». Dans le même temps, d'autres dossiers me sont confiés, notamment un assassinat dans la région nantaise qui va m'occuper presque à plein temps. Cette fois, je n'ai pas le choix. Il faut attendre un contrôle miraculeux du Gaulois. Je prends mon mal en patience. Mais clore cette affaire de cette manière n'est pas dans mes intentions et encore moins dans celles du juge d'instruction. Quelle que soit l'issue, Francis Heaulme doit être entendu. Une année va ainsi se passer.

Il faudra attendre juillet 1991 pour que l'espoir renaisse. Un matin, Serge L. m'appelle de Rosny-sous-Bois :

— Ton Gaulois est passé à Bayonne la semaine dernière, cela t'intéresse ?

Évidemment !... Sans attendre, je file chez le colonel F.

— Mon colonel, nous avons probablement trouvé le témoin capital que nous recherchions dans l'affaire du Moulin Blanc. On l'appelle le Gaulois. Heaulme m'en a parlé au cours d'une audition. Il a été localisé à Bayonne et je souhaite m'y rendre...

Je n'ai pas fini de m'expliquer que le major JR nous interrompt :

— Tu ne vas pas me dire que tu soupçonnes Heaulme dans cette enquête ! Nous étions ensemble lors de sa garde à vue. Ce n'est pas lui, tu le sais bien. Dis-moi plutôt que tu as envie d'aller te promener à Bayonne.

Je n'ai pas le temps de réagir que le colonel enchaîne :

— Abgrall, vous restez là, et terminez ce dossier au plus vite.

Je suis stupéfait et j'en reste sans voix. Une fois encore, je me heurte au scepticisme ambiant et à la rigueur toute militaire. JR a-t-il été aveuglé à ce point par Francis Heaulme pour n'avoir aucun doute ? Une fois encore, mes espoirs s'éloignent. Je ne vois pas comment je vais pouvoir confondre le suspect. En attendant, Heaulme poursuit sa route.

Le mois de décembre arrive. Serge L. a quitté Rosny-sous-Bois depuis plusieurs mois. Son remplaçant a pris le relais dans le même esprit. Il me fait savoir que Francis Heaulme se trouve à Bischwiller, en Alsace. Il travaille dans une association de réinsertion. Puisqu'il faut rendre sous peu le dossier, je décide d'entreprendre une dernière action. Le 17 au matin, avec le gendarme Éric C., de Brest, je suis devant un petit immeuble de trois étages à Bischwiller.

Le grand Francis partage l'appartement d'une jeune femme légèrement handicapée. Ce bâtiment est situé au bout d'une petite impasse, dans un endroit tranquille et isolé. Je suis étonné. Heaulme a-t-il changé au point de s'installer ?

Il est 10 heures quand je frappe à sa porte. Francis Heaulme l'ouvre à moitié. Il est surpris, mais semble content de me voir. Il me propose d'entrer. Le studio est microscopique. Tout y est bien rangé. Un grand lit occupe la moitié de la pièce. Ce lit est arrangé d'une drôle de façon : les draps sont défaits de chaque côté alors que le centre est parfaitement lisse, sans une froissure... Si Francis et son amie dorment ensemble, c'est loin l'un de l'autre, en s'évitant.

— Francis, dis-je, il va falloir que nous reparlions de ton parcours... Mais avant, nous allons regarder encore une fois dans tes affaires.

La perquisition ne donne rien. Pas d'arme. Pas de vêtements tachés de sang. Pas de courrier évoquant le meurtre, pas d'articles de presse compromettants que collectionnent souvent les tueurs... Discrètement, nous quittons son appartement et la petite résidence. Inutile d'alerter les voisins. L'audition de notre témoin va s'effectuer à la SR de Strasbourg.

Aussitôt arrivés sur place, nous nous installons dans un bureau le plus neutre possible, sans âme. Tout ce qui s'y trouve est à caractère professionnel. Ici, rien ne va venir nous perturber. Le face-à-face vient tout juste de commencer que la tension s'installe. Cet homme a une faculté incroyable pour créer un climat de violence. Il sait de quoi nous allons parler et son visage se transforme. Rigide, les lèvres pincées et le regard d'une fixité souvent insoutenable. Son corps aussi change. Chacun de ses muscles semble tétanisé. Dans ces moments-là, il fait vraiment penser à un fauve prêt à bondir. Cette grimace et cette attitude sont peut-être liées à sa concentration, je ne sais pas. En tout cas, elles ne m'impressionnent plus.

Le chef qui m'accompagne l'observe, mal à l'aise, puis me fait un petit signe. Je lui fais comprendre que tout va bien. Je lui souffle que chez Francis Heaulme, ce comportement est habituel. L'audition débute.

— Francis, j'ai vérifié ce que tu m'avais dit en Normandie. Il y a des choses qui ne vont pas du tout... Te souviens-tu de ce que tu m'as dit ?

Une fois encore, il vrille son regard dans le mien. Il parle à nouveau de manière mécanique et saccadée. Les explications dans lesquelles il se lance sont stupéfiantes.

— J'ai raconté des conneries. J'ai menti. En ce qui concerne mon armée tout est faux. J'ai été réformé à cause des yeux. Pour ce qui est de l'agression de la femme sur la plage, c'est également une invention : le nommé Henri L. dont je vous ai parlé n'existe pas... Je vous ai menti car j'avais peur, je voulais me protéger. Il m'arrive effectivement de penser au meurtre du Moulin Blanc. J'ai même, dans des rêves, pensé que j'en étais l'auteur. Mais je me trouvais au CHR de Quimper le dimanche 14 mai 1989. Je ne suis pas sorti de l'hôpital, même si j'ai l'impression d'être allé sur la plage ce jour-là. Je n'ai eu connaissance des faits que par la presse, le lendemain, le lundi, alors que je me trouvais à la gare de Quimper. J'ai été impressionné par cette affaire car le samedi 13, la veille, je me suis promené exactement à cet endroit.

Un récit débité en une seule tirade, sur un rythme et un ton invariables. Sans bouger, les poings toujours serrés. Il ne me quitte pas des yeux. Décidément, il n'a pas changé. Je ne sais pas quoi faire, je n'ai rien pour le confondre, il ne faut surtout pas lui montrer la faiblesse du dossier. Je tente une autre manœuvre.

— Francis, as-tu été hospitalisé ailleurs qu'à Quimper ?

— Oui, j'ai effectué plusieurs séjours en hôpital psychiatrique. J'ai même suivi plusieurs cures de désintoxication. Je crois être guéri... C'est tout ce que j'ai à dire.

Il est 17 heures. Je sais ce que cette phrase signifie. Ce n'est pas la peine d'insister. Il n'y a plus rien à faire. En le reconduisant chez lui, à Bischwiller, je lui demande d'évoquer ses « pépins ». Francis est sur ses gardes, je le sens, mais je crois qu'il aime me parler.

— J'ai eu des pépins, c'est vrai, mais je suis guéri. Maintenant j'ai une fiancée et tout va bien.

— Comment l'as-tu rencontrée ?

— Je travaillais comme manœuvre sur la voirie quand mon amie est passée. C'était comme un coup de foudre. On s'est revus et elle m'a proposé de venir habiter dans son appartement. Elle m'a dit que Dieu m'avait mis sur sa route. Elle est très croyante, nous allons chanter à la chorale à l'église.

— Vous êtes ensemble depuis longtemps ?

— Depuis le mois de mai 1991.

J'ai à l'esprit ce grand lit où chacun reste à sa place. L'absence de sexualité de Francis Heaulme m'inquiète. Ne pourrait-elle pas être à l'origine de ses problèmes, de sa très grande violence ? Ne pourrait-elle pas simplement être le mobile des meurtres dont je le soupçonne ? J'ai vraiment l'impression d'être avec l'assassin.

À notre retour, l'amie de Francis est dans l'appartement. C'est une petite femme brune, très forte, d'à peine un mètre soixante. La trentaine passée, elle bénéficie d'une mesure de tutelle. Compte tenu de son handicap, elle ne peut s'assumer seule. Cette femme est particulièrement gentille. Elle est souriante et porte un bonnet de laine solidement enfoncé jusqu'aux oreilles. Je ne peux m'empêcher de penser qu'ils forment un couple bien étrange. Je tente de l'entendre afin de savoir si Francis ne s'est pas confié à elle. Visiblement, elle ne sait rien. J'espère qu'elle n'est pas en danger.

Avant de prendre congé, j'attrape Francis par le bras et l'entraîne dans le couloir de l'immeuble. Il est surpris. Je fais comme lui, je ne montre aucun sentiment. En parlant d'une voix calme, sans agressivité, tout en le regardant profondément dans les yeux, je lui dis :

— Francis, je sais ce que tu as fait. Je vais revenir et cette fois tu partiras avec moi. Tu iras soit en prison, soit en hôpital psychiatrique si c'est ce qu'il te faut. De ton côté, fais-toi soigner et arrête tout ça.

Il ne bronche pas, puis me répond :

— François, tu ferais un bon « spycatre » !

Ce n'est pas la première fois qu'il me compare à un psychiatre... Venant d'un homme tel que lui, comment traduire cette référence ? Est-il sincère ou cynique ? Nous nous séparons sur une nouvelle poignée de main, toujours aussi furtive.

Avant de prendre le chemin du retour, je consigne mes conversations avec Francis Heaulme. J'informe une dernière fois mes collègues de Strasbourg des soupçons qui pèsent sur cet homme et les mets en garde sur la particularité de son comportement. Je pense ne plus jamais revenir ici. Je suis un peu lassé par cette enquête. Presque découragé. Francis ne parlera jamais et je n'ai pas de preuve pour le confondre.

À Rennes, mon manque de succès incite le major JR à me réclamer le dossier bouclé. C'est insupportable. Je pars en vacances, c'est Noël. Le 26 décembre à midi, le téléphone sonne chez moi, sur la côte bretonne, face à l'Atlantique :

— C'est François, de la brigade de recherches de Brest. C'est pour te dire que le Gaulois vient d'être arrêté à Bourges. On t'attend là-bas. Tu n'as plus qu'à y aller.

C'est peut-être ma dernière carte. J'en serai quitte pour des vacances éclair... Je pars pour Bourges, accompagné d'un coéquipier.

Les gendarmes de cette brigade territoriale ne sont pas des habitués des affaires criminelles, aussi notre venue les intéresse. Dès notre arrivée, ils nous apprennent que le Gaulois est paniqué depuis qu'il sait que des enquêteurs bretons doivent venir l'entendre. Il ne cesse de répéter :

— Je vais payer pour un autre, je vais payer pour un autre. Je ne suis jamais allé en Bretagne... Je suis baisé, je vais payer pour un autre !

Il est 21 h 30 quand l'audition débute. Deux confrères de Bourges sont présents. Avant mon arrivée, ils ont longtemps discuté avec le Gaulois. Ils vont m'être utiles. Philippe D., le témoin clé, est enfin en face de moi. C'est un petit homme de 45 ans, mince ; il aurait tout de l'allure d'Astérix avec ses grandes bacchantes blondes, si ce n'était son anorak bleu.

Sa peur est presque palpable, à tel point qu'elle frise la panique. C'est rare chez ce genre d'individu. La vie sur les routes endurcit plutôt les hommes. D'autant que cet ancien enfant de la DDASS a vécu des situations autrement douloureuses.

Comme d'habitude, je commence par le curriculum vitae. Une méthode douce qui a fait ses preuves. Le CV permet de mettre au jour les petits arrangements avec la réalité, les moments de sa vie que l'interlocuteur préfère occulter...

— Racontez-moi un peu votre parcours ces dernières années.

— Depuis trois ans, je fréquente les communautés Emmaüs. Je n'ai pas beaucoup bougé, je reste plusieurs mois au même endroit. Le plus longtemps que je suis resté, c'est à Poitiers. J'y suis resté une année. J'ai fréquenté les communautés suivantes : Limoges, Poitiers et Bourges, c'est tout. J'en suis sûr, ça, sûr... Je ne bois plus depuis onze ans. En fait, je ne bois plus depuis que j'ai été condamné pour le coup de la vieille. Ce que je me souviens de cette histoire, c'est qu'un copain avait cassé une porte et qu'il était parti. C'est moi qui ai été condamné pour cela.

J'ai l'impression qu'il ne va pas être facile d'établir un contact détendu, et encore moins d'obtenir des éléments intéressants.

Après chaque phrase, presque à chaque mot qu'il m'adresse, le Gaulois implore du regard mes deux coéquipiers du moment qui ne cessent de lui répéter :

— N'aie pas peur ! C'est simple, si tu n'as rien fait, il ne t'arrivera rien.

Ce petit jeu va finir par être stérile. Rapidement, j'en arrive au vif du sujet.

— Êtes-vous certain de n'avoir pas fréquenté d'autres communautés Emmaüs que celles que vous avez énumérées ?

— Non, non, j'en suis sûr.

— N'êtes-vous pas allé en Bretagne ?

— Ah ça non, je n'y suis pas allé !

— Savez-vous où se trouve la Bretagne ?

— C'est la mer, répond-il, de plus en plus nerveux. Je suis tout le temps resté ici, je n'ai pas bougé... Je ne bouge pas de mon coin.

— Affirmez-vous toujours ne pas connaître la Bretagne si nous vous parlons de Brest ou du Relecq-Kerhuon ?

— Je n'ai jamais été là-bas, je vous dis. Je vous le jure !

Le Gaulois est blanc comme un linge, le regard fuyant. À cet instant, je m'arrête de parler et regarde l'un des deux gendarmes qui enchaîne :

— Philippe, regarde la taille de son dossier, il a déjà tout vérifié. S'il te pose la question, c'est qu'il y a une raison, fais bien attention.

Le Gaulois est à bout de résistance, je le sens. Après quelques instants de silence, il se décide enfin.

— C'est vrai, je suis allé là-bas, nous avoue-t-il dans un souffle. C'est une communauté Emmaüs qui est près de la plage, en dehors de Brest. J'y suis resté deux mois. J'y faisais de la menuiserie. Je n'avais pas d'amis, je ne m'occupais de personne...

— Pourquoi vous ne vouliez pas parler de Brest ?

— Parce que c'est un coin qui ne me plaît plus. Il y avait une mauvaise ambiance à la communauté. C'était dû au fait que certains buvaient.

Philippe D. commence à parler plus librement. Le Gaulois ressasse cette histoire depuis des mois. Au-delà de la pression de l'audition, son besoin de raconter est bien réel.

— Le dimanche, j'allais d'abord boire un demi au café PMU près de la plage. Ensuite, j'achetais une canette de bière à l'épicerie située près du vieux bateau sur le port. En revenant vers la communauté, je m'arrêtais près de la plage pour boire ma bouteille.

— Comment était l'endroit où vous buviez votre bière ?

— Il fallait passer à travers des buissons. Et puis après, descendre sur de gros rochers au niveau de la plage de galets. Cet endroit est calme et je buvais ma bière là.

— Après avoir quitté la communauté Emmaüs du Relecq-Kerhuon, où êtes-vous allé ?

— Je dormais dehors, et je m'étais installé dans le buisson, près de l'endroit où je buvais mes bières. J'y suis resté plusieurs jours...

— Arrivait-il que des communautaires vous rendent visite dans votre buisson et partagent leur boisson ?

— Oui, des copains venaient me voir. Je ne me rappelle plus leurs noms.

Il est 23 h 30, nous suspendons l'audition le temps de prendre un sandwich et de discuter entre nous. Nous tombons d'accord sur le fait que le Gaulois continue à nous cacher quelque chose. S'il semble plus à l'aise, c'est seulement en surface. À certaines questions, il perd toute assurance. Cet homme était présent sur la plage à l'heure du crime. Il avait l'habitude de boire sa bière là où un témoin a vu, peu avant le meurtre, un homme assis en anorak bleu. Le même vêtement que le Gaulois porte encore aujourd'hui. Il a des choses importantes à nous dire, c'est certain.

À minuit trente, l'audition reprend, nous parlons encore quelques dizaines de minutes quand je décide de lui présenter l'album photographique. Il reconnaît Heaulme, puis Didier M.

— Le premier, c'est un alcoolique. Je l'ai vu à la communauté et il est venu me voir au buisson. Il buvait beaucoup et devenait très mauvais après. Didier, le second, était un copain.

— Heaulme parlait-il des femmes, et si oui, comment ?

— Il en parlait beaucoup, il voulait toutes les sauter. Il regardait bizarrement les femmes, mais de toute façon avec sa tête, ses lunettes... Il était vraiment bizarre, ce type, il causait tout seul. C'est un sadique.

— Et comment s'est passé votre dernier moment en sa compagnie ?

Silence de plomb. Le Gaulois s'est arrêté dans son élan, mais le second gendarme qui m'accompagne l'incite à répondre. Il se montre persuasif et notre témoin poursuit.

— Voilà, cette fois je vais tout vous dire. Je me trouvais dans le buisson, juste au-dessus de la plage, comme je vous l'ai dit. Heaulme est arrivé en jean et en polo blanc... Il a bu la moitié d'un litre de vin rouge... Il était très énervé. Je ne sais pas pourquoi. Nous sommes alors descendus sur la plage par les rochers près du buisson... Il y avait une femme qui bronzait là, elle avait un maillot de bain deux pièces... Il s'est dirigé vers elle. Je l'ai suivi à une dizaine de mètres. Heaulme était comme fou. Je croyais qu'il allait la violer alors je l'ai suivi pour intervenir. La femme, quand elle l'a vu arriver, s'est assise sur sa serviette. Elle avait peur. Toujours assise, elle lui a demandé ce qu'il voulait... Il a dit : « Je vais te sauter. » La femme s'est levée et a agrippé Heaulme par les épaules, lui l'a aussitôt saisie au cou. Il l'a serrée d'une main à la gorge. Je ne suis pas intervenu, car Heaulme m'a dit méchamment : « Pourquoi tu me suis ? » La femme s'est mise à crier, et je suis parti en courant... J'ai rejoint la gare. J'ai pris le train en direction de Paris dès que j'ai pu. J'avais peur. C'est tout ce que j'ai vu de cette scène... Je suis allé à Tours... J'ai appris par les informations télévisées qu'une femme avait été tuée à coups de couteau à Brest. J'ai vu des images du lieu du meurtre et j'ai reconnu l'endroit où Heaulme avait agressé la femme. Je savais que c'était lui, mais je pensais qu'il avait été pris. J'avais peur d'être impliqué dans cette histoire dans laquelle je n'étais pour rien, c'est pourquoi j'avais peur de vous parler. Une dernière chose, j'étais bien en anorak bleu ce jour-là. Cette fois, je vous ai tout dit.

Il est 3 h 30 du matin. Après deux années d'investigations, le secret du Gaulois est enfin découvert. Rapidement, nous passons aux dernières formalités, et parmi plusieurs photos de femmes, Philippe D. reconnaît Aline. La perquisition d'usage n'apporte rien à l'enquête, le Gaulois est relâché. En accord avec le juge d'instruction, il s'est engagé à ne pas quitter Bourges. Il pourra ainsi répondre aux éventuelles convocations du magistrat. Malgré mon soulagement, je ne peux m'empêcher de songer à l'égoïsme inconscient de cet homme. S'il avait témoigné le jour du crime, d'autres personnes auraient certainement eu la vie sauve.

5

Les aveux

En ce début d'année 1992, Francis Heaulme est sous la surveillance discrète des gendarmes de la brigade de Bischwiller. Une seule consigne : ne pas le laisser reprendre la route. Entre-temps, au Relecq-Kerhuon, les déclarations du Gaulois ont été vérifiées. Tous ses propos concordent. Nous sommes prêts pour une nouvelle rencontre avec notre homme.

Ce 6 janvier à 8 heures, Éric C., l'enquêteur de Brest qui m'avait déjà accompagné lors du premier voyage en Alsace, me rejoint à Rennes. Avant que nous ne partions vers Strasbourg, j'appelle le chef de la brigade d'Avignon. Son enquête piétine toujours. Voilà maintenant deux ans et demi que l'affaire de l'ancien légionnaire assassiné à Courthézon reste inexplicable. Alors que nous lui proposons de se rendre avec nous à Bischwiller, ce dernier décline l'invitation. La rencontre avec notre suspect ne l'intéresse pas.

Il est pratiquement minuit lorsque nous arrivons à l'hôtel de Bischwiller. La neige a bien failli nous bloquer sur les petites routes d'Alsace. Au cours de ce long voyage, nous avons eu tout le temps d'imaginer le déroulement de l'audition et d'évoquer les moindres détails du dossier. Soucieux d'éviter de tomber dans le jeu de Francis, je rappelle à Éric combien le suspect est lucide dans ses incohérences. D'un commun accord, nous décidons de nous plier à ses règles. Nous le laisserons mener l'entretien pour qu'il nous conduise dans son monde...

Dès le lendemain matin, nous nous rendons chez Francis. Devant la porte de son studio, nous écoutons discrètement : l'appartement est occupé. Je frappe. Pas de réponse. Cependant quelqu'un s'agite à l'intérieur. Je frappe une seconde fois lorsque la voix d'Heaulme se fait enfin entendre :

— Qui est là ?

Je réponds :

— C'est Jean-François !

Il apparaît dans l'entrebâillement de la porte.

— C'est toi ? dit-il soulagé. Entre !

En entrant, j'ai tout juste le temps de le voir déposer quelque chose dans un coin. J'examine rapidement la pièce. Rien à signaler par rapport à ma dernière visite. Heaulme se plante alors devant nous et m'interpelle :

— Tu m'as laissé passer les fêtes ?

Le jeu vient de commencer. J'enchaîne :

— Je t'avais bien dit que j'allais revenir. As-tu réveillonné au moins ?

Au-delà des mots, nos regards s'interrogent. Chacun cache ses cartes. Il s'agit désormais d'attendre que l'autre se découvre le premier.

— En t'attendant, je suis allé voir la mer. Oui, je suis allé voir la mer, insiste-t-il en me fixant intensément.

Je ne comprends pas ce qu'il veut dire. Et ces yeux qui me fixent encore. Je ne réponds rien, ce n'est ni le moment ni l'endroit pour engager notre entretien.

— Francis, nous allons maintenant partir, prépare tes affaires.

Au moment de quitter l'appartement, je remarque une hachette placée derrière la porte. Serait-ce l'objet qu'il rangeait – ou dissimulait – à notre arrivée ? Je feins l'étonnement :

— Francis, pourquoi as-tu une hachette dans un appartement ?

— J'ai des problèmes avec des Turcs, il y a beaucoup de Turcs ici... Ce sont des étrangers et je n'aime pas les étrangers... Et mon amie, elle m'avait enfermé dans l'appartement. Avec ça elle n'aurait sûrement pas recommencé... Mais de toute façon, je passe par les toits.

Ses propos sont toujours aussi déroutants. Nous partons pour Strasbourg. Afin de préserver l'étrange relation qui s'est créée entre nous, je décide de ne pas lui mettre de menottes. Assis tous les deux à l'arrière d'une petite 205 grise, Francis semble content. Que peut-il avoir en tête ?

Tout au long de la petite demi-heure que dure le trajet, il parle en prenant soin de peser chacun de ses mots :

— Avant d'être avec mon amie, j'ai eu des pépins. Tu le sais, François, j'étais malade, alcoolique, mais maintenant ça va.

Je l'écoute sans répondre ni relever l'erreur récurrente qu'il fait sur mon prénom. S'il préfère m'appeler François, quelle importance ? Ce prénom est plus proche du sien, et si cela l'aide à parler...

10 heures. Nous retrouvons notre bureau de la SR de Strasbourg. Sans toutefois se relâcher complètement, Francis est moins tendu que lors de nos précédentes confrontations. J'entame la conversation :

— Francis, voici ta notification de garde à vue. Tu as déjà été entendu deux fois dans cette enquête, maintenant il ne te reste que vingt-huit heures à passer avec moi. Tu sais, ce n'est pas très long pour raconter ses problèmes. Si tu veux que je t'aide, il ne faut plus que tu inventes des choses, décris-moi ton parcours simplement, juste comme il s'est déroulé. De cette façon, je pourrais expliquer que tu es aujourd'hui un homme différent de celui que j'ai rencontré sur les routes de Normandie. Parle-moi aussi de tes rencontres, des gens qui t'ont marqué, de tout...

J'ignore si cette invitation à se raconter peut avoir un quelconque effet sur Heaulme. Ne relève-t-il que de la psychiatrie ? Jusqu'où est-il un dangereux manipulateur ? À cet instant, je souhaite simplement qu'il parle. Cette nouvelle audition est capitale. Il faut jouer serré. Comme à son habitude, Francis ne m'a pas quitté du regard. Il commence :

— Cette fois, je suis décidé à m'expliquer. Cette histoire me travaille et je l'ai toujours en tête depuis mai 1989. À cette époque, j'étais malade alcoolique et très dangereux. J'étais aussi très nerveux. Depuis 1987, je vivais dans les communautés Emmaüs. En fait je suis tombé malade après la mort de ma mère en 1984... J'ai circulé dans toute la France... De septembre à novembre 1990, je suis même allé en Espagne...

Très vite, il en vient à la Bretagne. Il se contrôle, observe nos gestes. Éric et moi restons impassibles. Il reprend :

— J'aimais me rendre à Brest car j'aime beaucoup les bateaux de guerre, en fait je suis très attiré par la guerre... J'ai visionné de nombreux films de guerre... Ce qui me plaît dans ces situations de guerre, ce sont les scènes de combats rapprochés, au corps à corps. D'ailleurs l'arme que je préfère, c'est le poignard.

Il s'arrête, ses yeux sont toujours vissés sur les miens. J'ai déjà vécu cette situation. J'attends sans détourner mon regard. Il poursuit :

— Ma troisième venue en Bretagne remonte à mai 1989... Cette fois j'ai été hébergé à la communauté Emmaüs qui se situe dans la banlieue de Brest à côté de la plage du Moulin Blanc. Là, il y a eu un incident.

Il s'arrête à nouveau, puis enchaîne :

— J'ai surpris dans ma chambre un gars qui se disait brancardier. Il était en train de fouiller dans mes affaires... Je me suis mis en colère et... je lui ai pris 100 francs. Avec cet argent, je me suis saoulé la gueule. Je suis allé à la plage jusqu'au bateau blanc qui est échoué. Je me suis allongé auprès de ce bateau et j'ai pensé à une scène de meurtre au couteau sur une femme. J'imaginais un homme qui poignardait une femme sur la plage. Une fois que j'ai eu un peu récupéré, je suis remonté à la communauté, j'ai pris mon sac et je suis parti. J'ai fait du stop en direction de Quimper. J'ai été pris rapidement par un jeune qui m'a conduit jusqu'à l'entrée de la ville. Là, je me suis adressé à une personne pour lui demander s'il y avait un hôpital dans le coin... Elle m'a conduit elle-même à l'hôpital. Je m'étais plaint du cœur. J'ai été admis aux urgences et ensuite ils m'ont placé en cardiologie... J'ai été placé dans une chambre où il y avait un homme âgé. On m'avait placé une perfusion.

Il se tait. Sentant la tension s'installer, je vais chercher des cafés à la salle de repos des gendarmes. Là, deux collègues de Strasbourg m'interpellent :

— Nous avons vu ton client descendre de voiture dans la cour, ça a l'air d'être un drôle de personnage, ça se passe bien ?

Je leur réponds avec un léger sourire :

— C'est vrai qu'il est étonnant. Mais pour l'instant, nous avançons doucement dans l'audition, il se raconte. Nous ne sommes pas encore entrés dans le vif du sujet.

Je repars avec mes trois cafés. Ces petites pauses ont souvent le mérite de détendre l'atmosphère. Une fois nos tasses vides, il est temps de poursuivre.

— Francis, dis-je, on continue ?

Son visage se ferme à nouveau et il reprend son récit du même ton, comme s'il ne s'était pas arrêté :

— J'ai passé la nuit à l'hôpital, et le lendemain matin j'ai demandé que l'on me retire la perfusion. Ils l'ont fait. Dans ma tête, je pensais toujours à la scène de meurtre que j'avais imaginée la veille. Je ne me souviens plus très bien si le midi j'ai mangé à l'hôpital, mais ce dont je suis certain c'est que j'ai quitté l'hôpital. J'avais mis un polo blanc et un short. Je portais également des baskets. Je n'ai dit à personne que je quittais l'hôpital, de toute façon on ne m'a rien demandé. Je pensais toujours au meurtre que j'avais rêvé et en plus je voulais me venger du brancardier. Mon intention était donc d'aller à Brest, j'étais en boule, je voyais rouge, d'ailleurs j'avais pris mon couteau. Je l'ai mis dans la poche de mon short. Il s'agit d'un couteau avec un manche en bois dont le bout de la lame est cassé. Je l'avais cassé en travaillant chez Emmaüs. La lame se replie dans le manche. En sortant de l'hôpital, j'ai pris la direction de la voie express qui va vers Brest. J'ai fait du stop. Encore une fois, j'ai été pris tout de suite. Le conducteur, un jeune homme, m'a même déposé à la plage du Moulin Blanc. Dès mon arrivée, je suis allé dans une espèce d'épicerie-bistrot qui se trouve pas très loin du bateau blanc échoué. Là, j'ai bu un peu d'une bouteille de bière que j'ai achetée. Je pensais toujours au meurtre que j'avais imaginé et j'étais très énervé. J'ai bu la moitié de la bouteille près du bateau. Je n'étais pas saoul, mais énervé. En marchant en bordure de l'eau, je suis allé vers le pont. J'ai marché à peu près un kilomètre. Là, je pensais toujours au meurtre. Je suis arrivé près des rochers qui vont vers le pont, après le parking. En fait ce sont des pierres contre le mur. À mon arrivée, j'ai vu un homme blond assis en haut des pierres. Je le connaissais pour l'avoir déjà rencontré dans le bar, près du parking. J'ignore son nom, mais il avait les cheveux jusqu'aux épaules.

Francis étudie notre réaction. Je profite de ce bref arrêt pour lui présenter l'album photographique des témoins.

— Cette personne est-elle en photo sur l'album ?

Amusé, il regarde attentivement chaque visage, tourne les pages, et lâche quelques commentaires :

— Celui-là, je l'ai rencontré à Châteauroux et lui à Bayonne.

Il ne marque pas de pause devant sa propre photo, mais s'arrête en revanche un instant devant un cliché.

— C'est celui-là, c'est l'homme qui se trouve sur la photo n° 66.

Il vient de désigner le portrait du Gaulois. Tout a l'air de s'emboîter. Aucune maladresse ne doit couper le fil qui nous relie. Nous ne faisons aucune remarque, je précise simplement l'identité de Philippe D.

Heaulme enchaîne :

— Comme je l'ai dit, le Gaulois était assis en haut. Il regardait une femme, une belle femme encore, qui bronzait. Elle était en maillot de bain deux pièces... Elle était allongée sur une serviette de bain... Cela me gênait de voir Philippe D. regarder cette femme. Je pensais toujours à mon rêve de meurtre. Je me suis placé en bas des pierres.

Lèvres pincées, visage grimaçant, il se fige. Je lui demande alors s'il ne préfère pas reprendre ses explications sur un croquis. Éric lui tend une feuille et un stylo. Avec une application étonnante, Francis dessine la plage et les routes qui l'entourent. Il situe l'épicerie, le bateau échoué, le parking, le café et les rochers. Plus loin, il ajoute la communauté Emmaüs et le pont qui mène vers Quimper.

Je l'interromps :

— D'accord Francis, mais où étiez-vous tous ?

Il place alors des petites croix sur le schéma, tout en expliquant :

— Là, j'étais près du bateau, puis il y avait un pêcheur ici. Après le parking, près des rochers, il y avait le blond, la femme, et moi.

— Quelle heure était-il ?

Heaulme ne répond pas, mais écrit « 5 heures, 5 h 30 » sur son dessin.

— Très bien Francis, maintenant tu marques ton nom et signes à côté, le croquis sera joint à ton audition. C'est plus facile comme cela, n'est-ce pas ?

Francis acquiesce et semble satisfait. Bien qu'il vienne de situer exactement la place de la victime sur la plage et celle des deux hommes aperçus par le jeune garçon au moment du meurtre, Éric et moi préférons ne rien manifester. Surtout ne pas lui montrer ce que nous attendons de lui pour ne pas lui dévoiler nos manques. Notre suspect doit rester dans le doute. En outre, j'ai toujours en tête l'idée que, ce dimanche de printemps 1989, cet homme n'en était sans doute pas à son premier meurtre. Peut-être parlera-t-il de ses autres crimes ?

Il est 13 h 30. Je propose que nous allions déjeuner tous les trois ensemble. Cette idée surprend Francis et amuse Éric. Une table est réservée au mess de la gendarmerie.

Dix minutes plus tard nous entrons dans le restaurant, à trois cents mètres des bureaux. À cette heure, il n'y a plus grand monde, les quelques tablées finissent leurs desserts. Francis, en survêtement mauve, provoque quelques sourires auxquels il ne répond que par des bonjours. Nous nous installons à une petite table dans un coin de la salle, la plus discrète possible. Le gérant ne sait pas que l'homme qui nous accompagne est en garde à vue. Au menu, de la choucroute. Servis très rapidement, nous nous apprêtons à manger, quand Francis demande de but en blanc :

— François, le Gaulois, tu l'as rencontré ?

Je réponds par l'affirmative.

— Qu'est-ce qu'il t'a dit ?

— D'après toi, qu'est-ce qu'il a pu me dire ?

— Que c'est moi, il t'a dit que c'était moi.

Éric et moi ne répliquons pas. Au même moment un gendarme vient s'asseoir à notre table. Il reste une place de libre. Nous assistons alors à une scène surréaliste. Imperturbable, Heaulme poursuit ses confidences :

— J'ai pris mon couteau et je lui ai ouvert la gorge, puis je lui ai enfoncé la lame dans les côtes. Elle avait l'air gentille.

Le gendarme marque un temps d'arrêt. Mal à l'aise, il esquisse un sourire. Heaulme enchaîne :

— J'étais malade, je ne voulais pas, mais je l'ai frappée quand même.

À ces mots, le gendarme laisse son assiette et disparaît au fond de la salle. Devant la gêne qui nous envahit, je propose à Francis Heaulme de poursuivre la conversation dans notre bureau. Trop tard : le gérant est déjà là, suivi du gendarme.

— Qui est ce monsieur ? demande-t-il.

— Il est avec nous. Pour l'instant, il est placé en garde à vue. Mais nous allons repartir très vite, ne vous en faites pas.

Le gendarme insiste :

— C'est un fou, ce type, il ne peut pas rester là.

Le gérant jette un coup d'œil à Francis et nous presse de partir.

— Faites très vite !

Pas le moins du monde perturbé, Francis Heaulme continue de savourer sa choucroute comme si de rien n'était. Quant au gendarme, il quitte aussitôt le mess. C'en est trop pour lui.

14 h 30. De retour au bureau, Éric est allé chercher des cafés et je reste seul avec Francis. Son attitude au restaurant m'a surpris car il s'est dévoilé. Néanmoins, il sait à chaque instant où se situer face à son interlocuteur. Il s'adapte vite et son contrôle sur lui-même est

permanent. Il aurait pu expliquer cette affaire dès le début, mais il a préféré se réfugier derrière ses rêves... Sûrement moins incohérents qu'ils n'en ont l'air. Quel étrange personnage ! Et cette absence d'émotivité que nous essayons de copier, que cache-t-elle ?

Je l'écoute.

— Je ne sais plus, François, j'en ai marre de cette histoire. Je ne me souviens plus de rien.

— Je vais t'aider, Francis. Lorsque tu es arrivé sur la plage, tu pensais bien à quelque chose, alors souviens-toi. Essaye de remettre tout cela en ordre. Parle-moi, je t'écoute, même si pour l'instant ce que je tape à la machine n'a rien à voir avec l'affaire, ce ne sont que des mentions obligatoires, des formalités de garde à vue. Allez, prépare-toi, parle-moi comme ça vient. Tu verras, tes souvenirs vont revenir.

Occupé par mon clavier, je m'adresse à lui sans le regarder.

— À l'époque j'étais malade. J'avais des crises. Je sentais ça monter en moi. Je marchais vite. Personne ne pouvait me suivre, je peux marcher des jours entiers... Mes veines gonflent et je deviens raide. Personne ne me fait peur, je peux me battre contre trois personnes. Je vois rouge. J'ai le goût du sang dans la bouche.

Parler lui semble maintenant difficile. Je lève la tête. Sa voix a brusquement changé, il parle maintenant au présent. Face à moi, ce n'est plus Francis, mais un homme torturé dont le visage est défiguré par une monstrueuse grimace. Ses yeux sont tellement injectés de sang que le blanc des globes a disparu. Il ouvre et ferme sans cesse ses poings pour faire gonfler ses veines. Il est tendu, raide. Il fait peur à voir. J'ai l'impression qu'il va littéralement bondir. Je saute par-dessus le bureau et l'attrape par le bras.

— Francis ! détends-toi... Nous allons marcher un peu, lui dis-je en le tirant de sa chaise.

Il ne respire plus, mais halète profondément. Nous déambulons ainsi dans les couloirs de l'étage. Ses grandes enjambées mécaniques me font trottiner. Je ne le lâche pas. Au cas où, Éric est juste derrière moi. Après cinq minutes de cette « promenade » qui me paraît interminable, son visage finit par s'apaiser. Francis Heaulme reprend ses esprits. Nous lui proposons de voir un médecin. Il refuse :

— Je ne demande rien du tout !

Je n'insiste pas. Nous reprendrons l'audition plus tard... À ma grande surprise, Francis repart de plus belle :

— En bas des pierres, j'ai fait signe à Philippe D. de venir me rejoindre. La femme ne s'occupait pas de nous... Elle se trouvait à une dizaine de mètres... J'étais très énervé. Je lui ai dit ce que j'avais vu dans mon rêve de meurtre. Il m'a dit que j'étais cinglé et aussi de foutre le camp. En fait, le Gaulois m'a parlé de la femme qui bronzait en me disant : « Elle n'est pas mal, hein !... T'es pas capable d'aller lui parler. » Je pensais à mon rêve et j'avais préparé mon couteau. Je l'ai ouvert dans ma poche. Je me suis avancé vers elle en ayant les mains dans le dos, le couteau dans les mains. Je savais que cette femme allait être agressée. À ma vue, elle s'est levée. Elle a vu ce qui allait se passer. Elle a vu le couteau. Je lui ai dit : « Je m'appelle Francis Heaulme, j'ai un problème, je veux vous parler. J'ai rêvé que vous alliez être poignardée. » La femme m'a répondu : « Tu sens l'alcool, va-t'en ! » Elle a dit aussi : « Pars ! Je vais crier. » La femme avait peur et elle a crié. À ce moment, Philippe D. s'est approché et là j'ai eu ma crise. J'ai saisi la femme par le cou et l'ai frappée trois à quatre fois avec mon couteau. J'ai frappé très fort, j'ai senti que mon couteau avait touché des os. Je ne me contrôlais plus. J'ai entendu le Gaulois hurler... Mais j'ai continué à frapper la femme...

J'interviens :

— Francis, te souviens-tu de la manière dont tu as saisi la femme au cou ?

— Oui, absolument.

Je lui demande de refaire son geste sur Éric.

— Mais doucement, d'accord ?

En un instant, Heaulme saisit mon coéquipier à la gorge. Il lui suffirait de serrer un peu plus son étreinte pour laisser les mêmes marques de doigts et d'ongles que celles constatées sur le cou d'Aline. Lentement, il retire sa main. Nous continuons.

— Philippe, le Gaulois, s'est barré, je ne l'ai jamais revu. Je me suis trouvé immobile. La femme était allongée à mes pieds. Elle n'était pas morte. Elle me regardait droit dans les yeux. Je crois qu'elle avait la carotide pétée. C'est un accident, cette histoire...

Je le laisse décrire l'horreur de son crime. Ce sont autant de détails froidement enregistrés qui serviront de preuves au procès.

Il est 16 heures, l'audition est terminée. Francis est très calme, comme s'il ne réalisait pas la gravité de ses déclarations. De mon côté, je suis soulagé d'être allé au bout de la logique. La réponse était cachée derrière la dernière carte. Ce soir, l'assassin d'Aline va dormir en prison. La première nuit d'une longue série, selon toute vraisemblance. La satisfaction du travail accompli est relative, car elle implique de nouvelles souffrances pour une autre famille. Le tueur du Moulin Blanc sera dorénavant derrière les barreaux, isolé du monde.

Sa convocation devant le parquet de Strasbourg est fixée à 18 heures, le jour même. En attendant, nous nous rendons tous les trois dans la salle de repos. L'officier de police judiciaire locale, Jean-Louis B., nous accompagne. Il est chargé de notre assistance. C'est la deuxième fois qu'il rencontre Francis dans ces locaux. Il connaît l'objet de notre enquête et me demande si nous avons terminé. Francis ne me laisse pas le temps de répondre et dit :

— Oui, c'était moi, mais c'était un accident. Je l'ai expliqué à François et à Éric.

Jean-Louis continue :

— Et pour Avignon ?

À notre stupéfaction, Heaulme lui réplique :

— C'est moi aussi ! Là-bas j'ai utilisé une grosse pierre pour frapper à la tête.

Ce nouvel aveu tombe comme un coup de massue. Pendant quelques instants, je suis abasourdi. Ces propos ne peuvent pourtant pas entrer dans la procédure dont je suis chargé. Officiellement, je ne suis mandaté que pour le meurtre du Moulin Blanc. Comment faire pour avaliser de nouvelles déclarations ? Si Francis est prêt à parler, nous ne pouvons pas l'enregistrer. Seul l'enquêteur d'Avignon est légalement en droit de le faire. Immédiatement nous le contactons, mais il refuse de venir auditionner Heaulme. Le prétexte qu'il invoque – l'entendre lors de son incarcération – nous semble mal venu. En tant qu'enquêteurs, nous savons qu'il prend là un très grand risque. Cette situation ne se représentera peut-être plus.

Jean-Louis nous quitte un instant avant de revenir avec un autre OPJ. Ils interrogent Francis sur Avignon. Amusé par la situation, celui-ci confirme son premier récit. Ils décident de rédiger un procès-verbal, même si celui-ci n'a pas de valeur...

D'autres enquêteurs font leur entrée dans la salle de repos en évoquant leurs affaires. Francis, occupé à boire un jus d'orange, semble indifférent à ce qui se passe autour de lui. Toutefois, une réflexion d'un collègue l'interpelle :

— J'ai un problème avec des Turcs sur une série de cambriolages, confie le gendarme. Ils ne reconnaissent rien alors qu'ils possèdent des objets volés.

Francis pose son gobelet en plastique et sans la moindre gêne propose :

— Vous voulez que je les fasse parler ? Je peux venir avec vous !...

La situation pourrait presque prêter à rire, mais chacun reste sérieux.

— Non merci, lui répond le gendarme, aussi surpris que confus.

17 h 30. Il est temps maintenant de nous rendre au Palais de justice. Nous reprenons la 205 banalisée mise à notre disposition. Éric conduit, Jean-Louis est monté devant. Francis et moi sommes à l'arrière, un peu à l'étroit : Heaulme fait presque deux mètres. Cette fois, nous lui avons passé les menottes. Il s'y est plié sans difficulté.

Sur le parvis du Palais, une escorte nous attend. Nous leur confions notre détenu. Dans quelques instants, il va être présenté au juge d'instruction qui va lui notifier son mandat de dépôt. Nous nous saluons rapidement.

Strasbourg n'est en fait qu'une étape. Heaulme n'y est qu'en transit. Dans moins d'une semaine, il aura rejoint la maison d'arrêt de Brest. Là-bas, des experts se pencheront sur son cas, il y aura sûrement d'autres entretiens. J'espère pouvoir comprendre quel homme il est vraiment. Combien d'autres meurtres a-t-il commis ? D'autres femmes ? Des hommes ? Des enfants ? Où ? Quand ? Et surtout pourquoi ? Je suis encore loin d'avoir toutes les réponses.

Deuxième partie

Les liaisons dangereuses

6

Vrais et faux visages de Heaulme

Une petite fête est organisée dès mon retour à Rennes. Mes collègues de travail ont réservé une salle dans une brasserie alsacienne. Quant à moi, j'ai ramené quelques bouteilles de vin de la région strasbourgeoise. En la circonstance, il était difficile de faire autrement. C'est une tradition, à la section de recherches, de marquer de cette manière les fins d'enquêtes.

À ce dîner, tout le monde est là, même le major JR. L'ambiance est bon enfant. Un panneau de liège garni des éléments de l'enquête m'est remis très officiellement. Un moulin blanc en carton trône au centre du tableau, encadré d'un sablier rempli de sable rouge pour marquer la lenteur de l'enquête et l'Opinel que je n'ai jamais retrouvé. L'attention est sympathique. Une façon de tourner la page en douceur, mais les mois qui vont suivre seront loin de me faire oublier l'énigmatique Francis Heaulme. Bien au contraire.

En cette fin janvier 1992, ma conviction est faite : Francis Heaulme est l'auteur d'une série de meurtres. Je diffuse alors au plan national un message évoquant cette hypothèse. Les réponses ne tardent pas à venir. Très vite, plusieurs demandes de renseignements arrivent sur mon bureau. Elles émanent de services régionaux de police ou de gendarmerie saisis d'homicides. Tous souhaitent connaître l'itinéraire du meurtrier d'Aline. De nouvelles rencontres avec cet homme hors norme sont en vue.

Cette perspective est loin de me gêner. En fait, j'ai hâte de reprendre ces curieux entretiens. J'aimerais comprendre pourquoi il tue. Je ne crois pas que ses crimes soient gratuits. Ses pulsions meurtrières ont une origine, mais laquelle ?

L'affaire du Moulin Blanc n'est plus de mon ressort, mais je peux m'entretenir avec Francis Heaulme sur d'autres sujets. Avant d'entreprendre ces nouveaux face-à-face, je prends rendez-vous avec le magistrat instructeur.

Reconstruit, comme tout le reste de la ville, après la Seconde Guerre mondiale, le Palais de justice de Brest est tout d'un bloc. Ce pavé de granit haut de plusieurs étages domine le port de commerce. C'est dans cette imposante bâtisse que ce vendredi matin 27 mars 1992 m'attend le juge d'instruction. Ce Brestois discret, presque effacé, en fonctions depuis seulement trois ans, a tout juste la trentaine. Le meurtre du Moulin Blanc est son premier gros dossier criminel, mais il a bien perçu le côté atypique de cette affaire. Il sait que l'assassin d'Aline n'est pas un meurtrier ordinaire. Affable, il me reçoit avec le sourire dans son petit bureau sombre, tout en longueur.

— Je suis passé vous demander un permis de communiquer, dis-je. Depuis son interpellation, Francis Heaulme intéresse de nombreux services de police judiciaire. Certains enquêteurs pensent l'auditionner.

— Il n'y a pas de problème, me répond-il. Si vous voulez, venez cet après-midi à 14 heures, je procède à son audition de curriculum vitae. Simplement, vous allez devoir attendre.

J'accepte.

14 heures. Au Palais de justice, Francis Heaulme est amené par deux gendarmes, les poignets solidement menottés. Au moment d'entrer dans le cabinet du juge, il m'aperçoit dans le couloir et me lance un petit sourire. Je me mêle à l'escorte. Francis Heaulme et son avocat prennent place face au magistrat. Un gendarme retire les menottes de l'inculpé et me rejoint près de la porte où je me suis installé.

Francis ne prête pas une grande attention à son défenseur, il sait que les faits ne seront pas évoqués. Selon les termes de la procédure, il ne s'agit ici que de résumer son parcours et d'enregistrer toutes les personnes qu'il souhaite faire témoigner, notamment ses témoins de moralité. Vies personnelle, familiale, sociale, scolaire, professionnelle, etc., le CV se veut être le reflet de la personnalité d'un individu. Une étape également essentielle. Par leurs choix ou leurs omissions se dessinent les vrais et les faux visages des criminels.

Après lui avoir rappelé l'objet de l'interrogatoire, le juge l'invite à décrire les étapes de sa vie. Francis Heaulme aime ce rôle. Il apprécie d'être au centre du sujet. De sa voix saccadée, les yeux rivés à ceux du magistrat, il commence son récit :

— Mon père battait beaucoup ma mère. Je m'interposais entre eux pour qu'elle ne prenne pas de coups. Mon père m'avait dit que c'était de ma faute si ma mère était décédée... Je m'entendais très bien avec elle. Mon père, lui, me battait. À l'âge de 18 ans, j'ai même eu très peur. Il m'avait mis à la cave et il m'avait donné des coups de ceinturon sur l'épaule gauche parce qu'il voulait frapper ma mère et que je m'étais interposé. Il est collectionneur d'armes de guerre et j'avais donc pris une baïonnette qui était dans un fourreau accroché au mur, et je lui ai dit d'arrêter...

Je repense à notre première rencontre. Là aussi, il évoquait la violence, la guerre et des traumatismes. Est-ce l'expression de la réalité ou les prémices d'une nouvelle supercherie ? Quoi qu'il en soit, lorsqu'il évoque son père, il semble sur le point d'exploser. Son ton est rageur et ses phrases claquent comme des coups de fouet. Il enchaîne :

— La vie à la maison était très très dure. Ma mère était très malheureuse avec mon père, ma sœur aussi. Nous n'avions le droit de ne rien faire, nous ne pouvions pas sortir. Ma mère ne voulait pas qu'on fréquente n'importe qui, car dans le quartier il y avait beaucoup de loubards... Le jour où mon père m'a dit que c'était ma faute si ma mère était décédée, j'ai essayé de me suicider, en me frappant sur le ventre avec un tesson de bouteille. Après ça, mon père m'a mis dans la cave. Il m'a attaché les mains en l'air et m'a frappé. C'est à ce moment-là que j'ai été hospitalisé au centre psychiatrique de Jury-lès-Metz pendant trois mois. Cela fait huit ans que j'ai quitté la maison. Je n'ai plus revu mon père depuis ce temps, mais je ne veux plus le revoir.

Terrible tableau dont je ne sais que penser. Je n'imaginais pas Heaulme en enfant martyr. Si tel est le cas, est-ce là l'origine de ses pulsions meurtrières ? Mais nous dit-il la vérité ? Sinon, quand a-t-il menti ? Il va falloir tout vérifier. Retrouver son père, sa sœur, les voisins de l'époque, les psychiatres...

L'objectif d'un CV est avant tout de faire parler le prévenu de lui-même. Moins le juge intervient, meilleur est le résultat. Le magistrat relance la discussion sur la scolarité, la vie professionnelle de Francis Heaulme.

— J'ai souvent manqué l'école, car j'étais souvent malade. Très nerveux. J'ai redoublé plusieurs classes en primaire. Je ne me souviens pas du nom des instituteurs... Je me souviens mieux quand je suis entré à l'école de perfectionnement de Briey. J'avais 16 ans. Je devais préparer un CAP d'électricien et je l'ai réussi.

Mon père m'avait dit que si je le loupais, j'irais en maison de correction, à Château-Saint-Louis. En fait, je n'y suis pas allé parce que j'ai réussi mon examen. À l'école, si on me cherchait, on me trouvait. J'ai eu pas mal d'avertissements. J'étais souvent convoqué chez le directeur. J'ai été renvoyé quelquefois. Je n'apprenais rien. Alors que j'étais à Briey, je me suis disputé avec le chef de cuisine à cause d'un morceau de poulet. Je voulais prendre le plus gros. Cela n'a pas plu à mon chef avec lequel je me suis battu.

Il présente sa vérité, s'invente un diplôme. Et cette agressivité qu'il ne peut s'empêcher de dévoiler, elle semble jalonner toute sa vie. Toujours justifiée par la faute des autres, notamment son père. Depuis quand est-il à ce point dangereux ? Là encore, il faudra retrouver les instituteurs, les professeurs et les employeurs qui l'ont approché de près.

Francis Heaulme est maintenant très à l'aise. Totalement détaché, il continue sa biographie.

— À 19 ans, j'ai commencé à travailler avec mon père comme électricien pour des boîtes temporaires dans la région de Metz. J'étais payé mais c'était mon père qui empochait l'argent. À 21 ans, j'ai travaillé dans l'entreprise de travaux publics Metz-Lorraine Travaux Publics. Elle existe toujours... Je travaillais avec un chef de chantier très sympathique... Je partais avec lui à la chasse le dimanche. Moi je ne tirais pas car je n'aime pas cela. Je faisais le traqueur. Nous allions à la chasse au sanglier et au chevreuil. Je me rappelle très bien cette époque dont j'ai gardé de bons souvenirs. Je suis resté cinq ou six ans dans cette entreprise, j'ai été licencié à cause de l'alcool. Je ne m'entendais pas bien avec les étrangers qui travaillaient avec moi.

Francis Heaulme débite son histoire comme on déclame une récitation et les mots sont choisis avec soin. Même lorsqu'il doit parler de lui-même, il ne se livre pas.

Trop de cohérence dans un discours où chaque élément s'enchaîne parfaitement... Et ce luxe de détails, des lieux, des dates et des gens. De ce point de vue, cet homme a une mémoire inhabituelle... Je suis maintenant persuadé qu'il nous teste.

— J'ai perdu mon boulot et ma mère pratiquement à la même époque, cela m'a cassé. Je me suis retrouvé au centre psychiatrique de Jury-lès-Metz... Je suis allé de communauté Emmaüs en communauté Emmaüs pour trouver mon bonheur. Je ne l'ai d'ailleurs pas trouvé... J'ai fréquenté diverses communautés Emmaüs dans toute la France. Metz, Haguenau, Dunkerque, Boulogne-sur-Mer, Caen, Cherbourg, Brest, La-Roche-sur-Yon, Rochefort, Nice, Bayonne, Montpellier, Pau, puis je suis remonté à Bischwiller... Je ne suis resté que quinze jours à la communauté Emmaüs de Brest à cause de la discipline, on se croyait à l'armée là-dedans. Je restais un peu solitaire, je ne fréquentais pas n'importe qui.

Après quelques secondes de silence, il ajoute, tout à coup agacé :

— Je ne veux plus entendre parler des communautés Emmaüs. Je ne veux plus parler du passé !

Heaulme se ferme. L'indice d'une nouvelle piste, mais pour le magistrat l'heure n'est pas à la recherche de la vérité. Il ne fait qu'enregistrer la version de son interlocuteur. Imperturbable, il indique à sa greffière de passer à un autre paragraphe. Celui du service militaire.

— J'ai été réformé à cause de ma vue. Je n'aime pas les uniformes. J'étais content d'être réformé car je n'aime pas l'armée. J'ai assez eu de discipline comme ça avec mon père.

— Bien ! Et votre vie sentimentale ?

— J'ai connu des filles, mais cela n'allait pas à cause de mon caractère. J'ai un sale caractère, je suis têtu. Je suis très timide et sentimental. Je ne me rappelle plus le nom des femmes que j'ai connues. Je m'occupais plus de mon travail que des femmes. Le week-end, je fréquentais des bars et je rencontrais des femmes, mais pas des prostituées. Plutôt des femmes de 25-35 ans, mariées ou célibataires, mais je n'allais pas très loin, je les draguais simplement.

Avant l'arrestation de Francis Heaulme, son amie décrivait sa rencontre avec lui comme un don de Dieu. « Le Tout-Puissant l'a placé sur mon chemin. Je passais à vélo là où Francis travaillait sur la voirie. » Après, selon ses dires, ils ne se sont plus quittés. Rétrospectivement, je frémis à l'idée de l'extrême vulnérabilité de cette femme. Sa confiance aveugle aurait pu lui être fatale. Paradoxalement, elle l'a sans doute sauvée.

Sur leur relation, Francis a sa version bien à lui :

— Je n'ai jamais été violent avec elle. Il m'est arrivé d'élever la voix lorsque nous discutions. Je sortais pour éviter que cela dérape. Avec elle, je me sens bien. Tout seul, je ne peux pas me débrouiller.

Il s'est bien sédentarisé, mais je suis persuadé qu'il s'invente une sexualité. Dans quel but ? Il y a quelque chose de sexuel dans ses agressions, mais j'ai encore du mal à le définir.

— Parlez-moi de votre santé, puis de votre passé judiciaire, reprend le juge.

— Je n'ai jamais eu à souffrir de maladie grave ou subi d'opération chirurgicale. C'est après la mort de ma mère que j'ai commencé à avoir de sérieux problèmes avec l'alcool. Je consommais surtout de la bière et du whisky, parfois les deux mélangés. Je buvais cinq à douze litres par jour. Je voyais des tenues militaires devant moi. Je me suis retrouvé plusieurs fois dans des centres psychiatriques à cause de l'alcool. Lorsque cela ne me plaisait pas, je partais sans explication... Quand je bois, je ne sais plus où je suis. Je tombe par terre. Quand je bois, je suis perdu et j'appelle ma mère... L'un des docteurs qui s'est occupé de moi m'a dit que si je continuais à boire, cela se terminerait mal pour moi. Je risquerais de rester à l'hôpital. Avant, je reconnais que j'étais un alcoolique, mais maintenant je ne le suis plus. J'ai complètement changé de caractère... Vers le mois d'août ou septembre 1989, j'ai été condamné par le tribunal de Montluçon à quarante-cinq jours de prison pour une agression sur une personne âgée. Je lui avais pris 50 francs, et je me suis rendu moi-même à la police. J'ai été libéré fin septembre. J'ai passé une semaine dans un foyer à Montluçon, mais je ne me souviens plus duquel. Ensuite, j'ai eu un ticket de train pour rentrer chez moi à Metz. En juillet 1989, j'étais allé à la gendarmerie à Compiègne-lès-Arcs pour dire que j'avais été renversé par une voiture, alors que c'était faux. Je n'ai pas eu connaissance du jugement concernant cette affaire.

Là encore, Francis Heaulme est sur la réserve. Que ce soit à Brest ou en Avignon, notre homme est hospitalisé juste avant des faits. C'est un habitué de ce genre d'établissements. Il en connaît parfaitement le fonctionnement. Toujours volontaire pour donner un coup de main, effectuer des petits travaux de bricolage, il est facilement accepté par le personnel soignant qui voit son « hospitalisation refuge » d'un œil charitable. L'alibi est sur mesure.

Comme une diversion, le juge passe à ses loisirs.

— J'aimais bien prendre mon vélo et partir. Le dimanche soir, j'allais voir des amis à l'église de Bischwiller. Je ne connais pas le nom de ces amis, on se tutoie... Nous parlons de Dieu et d'un peu de tout. Je suis très croyant, je prie tous les soirs. J'ai fait de la natation à Haguenau... J'occupais beaucoup de mon temps au travail.

Pour conclure l'entretien, le magistrat lui demande le nom des personnes susceptibles de témoigner en sa faveur.

— Je pense que les personnes de la maison de cure de Château-Walck pourraient parler de moi... Ce sont des amis. Je ne vois pas d'autres personnes susceptibles de parler de moi en dehors de celles que j'ai citées.

— Bon, très bien... Je n'ai plus d'autre question. Avez-vous quelque chose à ajouter ?

— Non, rien.

Francis Heaulme sourit. Il a tout de celui qui vient de passer un oral, satisfait de sa prestation. Il a transmis sa vision de son passé. Un passé « propre » où sont occultés les pires moments. L'histoire présentable qu'il souhaiterait que le juge accepte. Prudent, il a tout de même glissé d'éventuelles circonstances atténuantes dans son récit : un père violent, une enfance malheureuse, l'alcool... Pas un mot pourtant sur ses victimes, pas l'once d'un regret. Du début à la fin, il a parfaitement dominé cette audition. Un self-control impressionnant.

Le juge relit à haute voix l'audition. Chacun vient ensuite signer la déposition. Le CV est terminé. Le juge ordonne que le prévenu soit reconduit en cellule.

Francis Heaulme se lève doucement, remercie le magistrat et se tourne vers l'escorte. On lui remet aussitôt les menottes. Le défenseur indique alors qu'il passera bientôt le voir en maison d'arrêt. Dans le couloir, après une poignée de main molle et furtive, je m'adresse à Francis :

— Je suis encore là demain, si tu veux, on pourrait se voir ?

Son visage se détend et, visiblement content, il répond :

— Oui, passe me voir, je t'attends.

Le lendemain, dès 9 heures, je suis devant la porte de la maison d'arrêt de Brest. Cette prison moderne n'a pas dix ans. S'il n'y avait les miradors et les hauts murs de béton gris, elle ressemblerait presque à une cité universitaire, des barreaux en plus. Emprisonné ici depuis une dizaine de jours, Francis Heaulme ne bénéficie pas d'un régime particulier. Il occupe toutefois une cellule individuelle. Contrairement à l'usage, il n'est pas passé par le premier étage de la prison, celui des « entrants ». L'administration pénitentiaire redoute la réaction des autres détenus. Le crime du Moulin Blanc a choqué tous les esprits, même ceux des malfrats locaux. Francis Heaulme n'était pas arrivé que des rumeurs de vengeance circulaient déjà.

Après avoir passé le sas d'entrée, je traverse la petite cour et attends devant la lourde porte qu'un gardien me laisse pénétrer dans l'enceinte de la prison. Un long bip. Elle est déverrouillée. J'avance et me retrouve rapidement face à un nouvel obstacle. Cette fois, une grille. Une seconde sonnerie me libère. Derrière sa vitre, un gardien me salue. Grâce au réseau de télésurveillance, il me dirige ensuite à distance, tel un aiguilleur du ciel. Encore un dédale de couloirs et de portes, j'arrive enfin au parloir des enquêteurs. Une pièce minuscule où trois chaises et une petite table occupent tout l'espace. Je suis à peine entré que Francis Heaulme est devant moi.

— Bonjour, Francis ! Comment vas-tu ? Je suis content de te voir.

Je suis sincère. Cette fois, il n'est pas question du meurtre de Brest. Hors du cadre de l'enquête initiale, les conditions sont remplies pour que nous puissions discuter tranquillement. Je m'attends à une conversation plus « légère » que les fois précédentes. D'un autre côté, je sais qu'avec lui tous les dérapages sont possibles, notamment les plus sordides. Néanmoins, je garde l'espoir qu'il m'explique enfin la raison de ses meurtres.

— Ça va, me répond-il, l'air paisible. J'ai écrit à ma sœur, elle va bientôt venir me voir.

Il n'a plus son masque grimaçant. Il a changé d'attitude à mon égard. Malgré moi, je suis surpris.

— Francis, je ne suis pas ici pour ce qui est arrivé sur la plage, cela ne me regarde plus. Cette affaire ne concerne maintenant que le magistrat et toi. En revanche, j'ai besoin que tu me parles de ton parcours, mais pas comme tu l'as fait au juge. D'ailleurs pourquoi t'es-tu comporté comme cela ?

En posant cette question, j'espère nous remettre dans le ton de la conversation de Strasbourg, lorsqu'il décrivait son crime le plus naturellement du monde. Je veux aussi lui montrer que son jeu ne prend plus.

— J'avais peur, je ne peux pas tout dire. Cette histoire, ce n'est pas de ma faute, lorsque j'étais sur la route, j'étais malade, tu le sais. En plus, partout où je passe, il y a des meurtres.

Son visage se durcit et ses yeux ne quittent plus les miens.

— Francis, si tu es malade, les experts vont le voir, et si ta place est à l'hôpital, ils t'y mettront. Mais il faut parler. Personne ne comprendra que tu caches des faits alors que tu t'en souviens. Par où commence-t-on ?

Je ne veux pas laisser de temps mort et le fixe à mon tour avec insistance. J'espère une réponse immédiate. Il enchaîne :

— À Brest, c'est un pépin, je te l'ai dit. En plus, 89 c'est mon année noire.

Le ton de cette réponse est dur. Que veut-il dire ? L'année où il a fait le plus de victimes ? Cherche-t-il à exprimer ses premiers repentirs ?

— D'accord, 89 est ton année noire, Francis, mais pourquoi ?

— Parce que j'ai laissé le témoin cette fois-là. Le Gaulois, c'est de sa faute, c'est de sa faute si je suis ici.

Je suis stupéfait : il ne s'agit pas de remords mais d'une profonde exaspération de ne pas avoir supprimé le témoin de son crime ! L'année noire : c'est l'année de la colère. Mais je reste de marbre. Heaulme poursuit :

— Tu sais, François, avant j'étais malade, je me croyais en guerre. C'est à cause de l'alcool et des médicaments, j'avais peur. C'est pas de ma faute !

Il tourne en rond, mais je commence à discerner dans son discours sa façon de se protéger et de me préparer à sa vérité. Ce n'est jamais directement lui qui commet un crime. L'acteur aux étranges rêves où la mort devient réalité est un malade alcoolique, drogué aux médicaments, victime de son père et de la mort de sa mère. C'est cet « autre » qui fait le mal. Pas Francis.

« C'est pas de ma faute !... » Cela ressemble à un appel au secours. Il souffre de ne pas être compris. Enfermé depuis toujours dans sa solitude, il a un cruel besoin de parler, d'être écouté. J'ai parfois l'impression d'être devenu pour lui un véritable confident. Parce qu'il sait que je ne le juge pas et qu'il pense que je le connais vraiment.

— Écoute, Francis, je suis prêt à t'aider, mais ne me raconte plus d'histoires. D'autres services vont venir t'entendre, tu le sais ? Ils ne feront peut-être pas la différence entre toi et les autres criminels. Tu risques la prison à vie. Alors parle-moi de toi et de l'autre que tu étais. Je ferai la différence et tout le monde comprendra.

Francis Heaulme redevient grave et ses petits yeux perçants restent immobiles. Il semble chercher dans son esprit je ne sais quelle réponse déroutante.

— J'ai eu beaucoup de pépins, François, mais c'est du passé. J'ai changé, je ne veux plus en parler.

Maintenant, il fuit. Il faut trouver une autre méthode, un autre support.

— Tiens Francis, si tu veux, prends cette feuille et écris les pépins dont tu te souviens maintenant.

Il saisit la feuille, la pose au centre de la table, prend le stylo et se prépare à écrire. Puis il relève la tête, un peu perdu.

— J'écris quoi ? Je ne sais pas comment faire.

— Francis, tu n'as qu'à inscrire les villes où tu as eu un pépin. Si tu te souviens de la date, tu la mentionnes. C'est tout. En tout cas, inscris seulement les choses dont tu te souviens clairement. Je ne vais pas courir après tes rêves alors que tu te rappelles exactement l'histoire, d'accord ?

Ma réponse le fait sourire.

— Je ne suis pas sûr de toutes les dates, François.

Le système fonctionne. Le vide de la feuille semble le happer et l'oblige à poser ses mots. Heaulme écrit tel un élève de primaire, de façon lente et appliquée. Commence alors une liste de dates et de villes.

« Le 02/01/86 j'étais au Emmaüs à Peltre. Le 08/01/86 à Haguenau. Le 05/05/86 à Metz, je travaille avec mon père. Je vivais chez ma grand-mère. Le 7/ ?/86, Périgueux. Le 10/ ?/87 Boulogne-sur-Mer. Le 10/ ?/87 Lille pépin. En 88 Metz. En 89 mai Brest pépin, 89 Reims, 89 Avignon, 89 et 90 jour de Noël Auch, 89 Marseille et Courthézon pépin, 10/ ?/90 Metz, 91 Bischwiller. »

Il donne l'impression d'écrire avec un stylo de plomb, si lourd que la main n'avance plus. Il repose son stylo et me tend le feuillet sans un mot.

— Tu vois, Francis, c'est plus simple de travailler comme cela. Je vais aller voir ce qu'il s'est passé dans ces villes et lorsque les enquêteurs viendront t'entendre, ils te connaîtront déjà un peu. Je leur parlerai de toi. Au fait, as-tu tout écrit ?

— Non, il y en a d'autres, mais j'ai besoin de réfléchir, ça se mélange dans ma tête, c'est à cause des médicaments.

Il ne cesse donc jamais de jouer. Je m'abstiens de poser la moindre question, mais je suis inquiet par tous ces noms inscrits sur ce quart de page. Quatorze villes. Autant de « pépins » ? J'en ai peur.

— Francis, à part les pépins, peux-tu me parler des villes que tu as aimées ?

La mémoire lui revient soudainement, mais cette fois, c'est moi qui écris. Sans s'arrêter, il cite trente-cinq communes, partant de Nice à Saint-Omer. Pour chacune d'elles, il précise l'année de son passage. Il n'est plus question de rêves ou de souvenirs mélangés. La tension a disparu, nous parlons normalement. Quel jeu de dupes ! Je suis certain pourtant qu'il continue à ne pas tout dire. De quoi a-t-il peur ? Craint-il de ne pas pouvoir passer pour « fou » s'il se souvient ?

Tout à coup, un gardien frappe à la porte du parloir. C'est l'heure du repas. Heaulme doit regagner sa cellule. Il se lève brusquement :

— Repasse me voir, François, nous finirons la prochaine fois. Je vais réfléchir. Salut !

Sans se retourner, il part vers le gardien qui l'attend. Je les regarde disparaître au bout du couloir. Je quitte la prison.

En reprenant ma voiture, je me sens fatigué. Je sais qu'un pas de plus vient d'être franchi, mais ce nouvel entretien avec Heaulme m'a épuisé. La tension est de tous les instants. Ne rien montrer. Prendre garde à chaque mot, chaque attitude, mon regard vrillé dans ses yeux, pour ne surtout pas rompre ce fragile contact. J'ai l'impression de remonter du fond de la mer une masse de deux tonnes avec un fil de crin.

Il prend plaisir à nos discussions et ne livre que quelques éléments pour que je perçoive l'ampleur de ses crimes et que j'en devienne en quelque sorte le témoin impuissant. Il me place au cœur d'un labyrinthe parsemé de rêves et d'énigmes oppressants dont seule l'interprétation me permettra de trouver la sortie.

7

Dans la tête du tueur

Depuis plusieurs jours, les messages s'amoncellent au secrétariat de la section de recherches. Avec l'accord du juge d'instruction, j'ai transmis au plan national toutes les informations concernant Francis Heaulme. Chaque unité de gendarmerie détient ainsi l'itinéraire reconstitué sur trois ans du meurtrier. Les demandes d'audition arrivent de partout. Ce qui fait la joie de ma hiérarchie.

En les parcourant une à une, le colonel F. a du mal à cacher sa satisfaction. Son service est aujourd'hui sur le devant de la scène.

— Il y a maintenant plus de dix services de police judiciaire qui désirent l'entendre, me dit-il, en reposant les documents.

Son comportement à mon égard a changé. J'ai le sentiment qu'il a conscience d'être allé un peu trop loin ce jour de juillet 1991 où, suivant l'avis du major JR, il avait refusé que j'auditionne le Gaulois à Bayonne.

— Abgrall, ajoute-t-il en tendant les messages, voyez avec le juge afin d'obtenir les permis de communiquer pour ces enquêteurs. J'aimerais également que vous transmettiez à ces services les dates auxquelles ils pourront venir à la maison d'arrêt de Brest, d'accord ?

Le contenu de ces messages est impressionnant. Toutes ces affaires sont graves, les crimes particulièrement sordides. Pour certains d'entre eux, il est pourtant difficile de faire le lien avec Francis Heaulme. Le téléphone bloqué sur mon épaule gauche, un stylo dans l'autre main, j'appelle tour à tour les enquêteurs concernés. Des conversations sans fin s'engagent. Chacun décrit son enquête. Souvent, nos questions se recoupent et je sens l'espoir que cette nouvelle orientation fait naître chez mes collègues.

Avec le magistrat instructeur, nous sommes convenus que seuls interviendraient dans un premier temps les services ayant localisé Francis Heaulme près du lieu de leur crime. Ces mesures évitent tout amalgame. Finalement, je réussis à établir un emploi du temps raisonnable. Il n'y aura pas plus de deux services à traiter simultanément leur dossier.

Quinze jours plus tard, les permis de communiquer sont prêts. Selon les indications du juge, Reims et Bordeaux seront les deux premières sections de recherches à pouvoir se rendre à la maison d'arrêt de Brest. J'ai encore en mémoire ma dernière visite. Le surveillant du parloir nous avait interrompus trop tôt. Francis Heaulme en avait profité pour s'esquiver rapidement. J'ai le sentiment qu'il aurait bien aimé poursuivre la conversation. Je décide donc de le voir une dernière fois en tête à tête avant l'arrivée de mes collègues. A-t-il seulement conscience de l'origine de cette violence qui l'habite ? Quant à son itinéraire, ses souvenirs sont d'une précision qui ne laisse pas place aux mensonges. Il se rappelle parfaitement où il est allé. Mais qui alors a-t-il véritablement rencontré ? Et jusqu'où ses rêves de meurtre sont-ils réels ? J'aimerais que cesse ce jeu.

Me voici à nouveau dans ce monde oppressant où les portes ne s'ouvrent que lorsque d'autres se ferment. Je me présente au parloir. « Allez-y, prenez place ! m'indique un surveillant tout en mentionnant l'heure de mon arrivée sur son registre. J'appelle l'étage du détenu.

Ils vont le faire venir. » Il est 13 h 30 et cette fois nous avons un peu de temps devant nous. Je décide de m'installer dans la même pièce que la fois précédente. La table est toujours aussi petite, mais que dire des murs : d'un jaune pâle et triste, zébré de traces de mains visiblement sales. Ces vestiges rendent l'endroit encore moins accueillant.

Quelques minutes passent. Petit à petit, le bruit des portes se rapproche. Il arrive. D'un coup, il entre dans la pièce et s'arrête devant moi.

— Bonjour, François, tu es revenu, me lance-t-il en me fixant droit dans les yeux.

Je suis maintenant habitué à mon autre prénom. Son « parler court » n'est pas agressif. C'est juste sa façon de communiquer, sans plus. Je me lève et lui tends la main. Il répond à mon geste, toujours aussi gêné, presque obligé.

— Comment vas-tu, Francis ?

— Ça va, dit-il, très raide.

Passant du coq à l'âne, il enchaîne debout au milieu de la pièce.

— Un jour, j'ai vu une femme dans un terrain vague. Elle était morte. Je ne sais plus où. C'était en 1989.

Il s'immobilise et m'observe. Il vient de reprendre la conversation exactement à l'endroit où nous nous étions arrêtés lors de notre dernière rencontre. C'est à peine croyable, comme si ses pensées s'étaient figées depuis. Le plus calmement possible, j'invite Heaulme à s'asseoir.

— Je t'écoute, Francis.

Son visage dur n'exprime aucun sentiment. Je sens pourtant qu'il veut communiquer. Je sors la petite feuille de papier sur laquelle il avait indiqué les villes de ses « pépins ». Nous revoici exactement au même stade qu'il y a quinze jours.

— J'ai vu un gars attraper une femme. Il l'a frappée à coups de poings et à coups de pieds. Il faisait nuit.

L'« autre » parlait allemand. Il avait un treillis. J'ai rien pu faire. Après, un agriculteur est arrivé en tracteur, et les gendarmes sont venus. J'étais caché. Après je suis parti.

— Où était-ce, Francis ?

— Je ne sais plus, c'était après Brest.

C'est donc après le mois de mai 1989. Nous nous regardons fixement. L'« autre », toujours l'« autre », ce double « protecteur » qui rend présentable l'inacceptable. Il sait que j'ai compris. Alors pourquoi me tient-il encore ces propos ? Je ne dis rien. Il continue :

— En 1990, route de Vallières, j'ai vu un meurtre. Un manouche, Jean-Marie W., a reçu douze coups de couteau dans le dos par un Arabe. Il a jeté son couteau près du corps.

Surtout ne poser aucune question. Je ne connais rien de ces histoires, sont-elles réelles ? Un manouche, un Arabe... Que veut-il dire ? Sont-ils des victimes ? Des complices ? Peut-être, mais je ne crois pas qu'il ait pu agir avec un complice, ça ne lui ressemble pas.

— Francis, as-tu été contrôlé par des policiers ou des gendarmes après cela ?

— Oui, dit-il, mais je donnais mes autres noms : Pascal Nagel, Francis Herman, François Picard, Francis Marchal.

Je l'écoute et affirme calmement :

— Je sais tout ça, Francis.

Il est étonné de ma réponse et semble soulagé. En fait, je n'en crois pas mes oreilles. Je dois faire une pause. Je sens qu'il se déverse. Ces affaires sont des meurtres, j'en suis convaincu. Je n'imaginais pas qu'il utilisait d'autres identités, mais jusqu'où est-il allé ? Soudain, il reprend :

— Il y a longtemps, un dimanche, je passais à vélo dans une rue. C'était dans l'Est. Il y avait des maisons sur la gauche. À droite, il y avait un talus et une voie de chemin de fer. Deux gamins m'ont jeté des pierres lorsque je suis passé. Au bout de la rue, il y avait un stop, un pont et des poubelles. Je suis parti. Lorsque je suis revenu plus tard, j'ai vu le corps des gamins morts près des wagons. Il y avait aussi des policiers et des pompiers.

A-t-il commis ces meurtres d'enfants ? Je n'ose y croire. C'est effrayant. 1989, son « année noire », il avait fait l'erreur de laisser le Gaulois vivant... De quelle année me parle-t-il maintenant ? Il continue de réciter ses histoires, sans affect. La lenteur de son débit rend ses allégations éprouvantes.

— À Marseille, il y a une petite place, tu descends des escaliers et tu arrives près d'une fontaine. Là-bas, j'ai été attaqué par un gars au couteau. Il voulait prendre mon sac. Je me suis défendu. C'était un routard étranger. Moi j'ai fini à l'hôpital. Une autre fois, à Auch, le soir de Noël, derrière l'église, j'ai eu une dispute avec un gars qui faisait la manche. Il était sur un banc. Je l'ai frappé avec sa canne.

J'ignore ce qu'il peut encore dire, mais je souhaite en rester là dans l'immédiat. Si elles sont vraies, ces déclarations sont trop importantes pour être recueillies de la sorte. J'ai besoin d'y voir clair, de faire le point sur toutes ces informations. Je n'ai pas le temps de réagir. Il continue inlassablement :

— En 1987 à Metz, je me promenais près de la porte des Allemands. J'ai vu un Arabe se faire poignarder dans le dos par des skins. Il a reçu trois coups de couteau. Il promenait son chien. En plus, il était en chaussons.

Je me demande s'il réalise l'importance de ses propos ou s'il attend de moi une réaction.

— À Bayonne, en 1990, je me suis beaucoup plu. J'étais à la communauté Emmaüs. Il y avait des falaises, raconte-t-il. Un après-midi, je suis allé voir la mer. Il y avait une jeune fille avec son vélo en haut des falaises. Je suis descendu près de l'eau. Lorsque je suis arrivé en bas, elle avait sauté. Elle était morte sur les rochers.

Combien de temps peut-il parler ainsi ? Qu'est-ce que tout cela signifie vraiment ? Il est temps de mettre fin à cet entretien.

— Francis, c'est bien de me raconter ton parcours, mais tu ne m'apprends rien. Je crois que le mieux sera de raconter tout cela aux enquêteurs qui vont venir t'entendre. Il y en a de toute la France qui désirent recueillir ton témoignage. Je viendrai bientôt te les présenter.

Rien n'y fait. Il ne m'entend pas.

— En 1990, je suis aussi allé en Espagne dans la communauté Emmaüs de Pampelune. En Belgique aussi, à Namur. Et en Allemagne, à Berlin. Est-ce qu'ils viendront aussi ? me demande-t-il sans la moindre ironie.

— Je ne sais pas encore. De toute façon, nous aurons tout notre temps pour en parler, Francis.

Je tente une nouvelle fois de l'arrêter.

— Francis, je vais devoir partir, j'ai un rendez-vous urgent. As-tu besoin de quelque chose ? lui dis-je en me levant.

— Non, François, j'ai la télé. Au revoir !

Derrière cette énergie glaciale, je le sens à la fois amusé par cette situation et plutôt content de s'être exprimé. Au fond de ses prunelles brillantes, je perçois même une certaine fierté. D'un mouvement vif, il se lève et gagne la porte du parloir. Cette épaisse porte bleue est flanquée d'un hublot disproportionné. Mélange de modernisme architectural et d'utilité carcérale... Je l'y rejoins. Par cette vitre, j'adresse un petit signe de la main au surveillant de garde. Il me sourit et la porte s'ouvre. Francis repart accompagné vers sa cellule, sans même un regard en arrière. Il est 14 h 30. Je ne suis là que depuis une heure et j'ai l'impression d'avoir couru un marathon. Je suis stupéfait de ce que je viens d'entendre.

À peine sorti de la maison d'arrêt, je file au Palais de justice. Le deuxième étage est celui des juges d'instruction. Montant les marches quatre à quatre, je me retrouve rapidement devant le cabinet du juge. Je croise sa greffière dans le couloir. Elle m'invite à entrer. Assis derrière son bureau, le juge me fait signe de la main.

— Bonjour, monsieur Abgrall. Venez vous asseoir. Tenez, je vous ai préparé les permis de communiquer. Si les gendarmes ne peuvent venir à ces dates, ne vous en faites pas, je les modifierai sans rendez-vous, dit-il en me remettant les imprimés roses.

— Merci, monsieur le juge. Mais il faut que je vous parle, avez-vous un instant à m'accorder ?

— Je vous écoute.

— Voilà, je sors de la maison d'arrêt. Je viens juste de rencontrer Francis Heaulme. Lors de ma précédente visite, nous avions parlé de son itinéraire et il avait évoqué ses « pépins ». Je pensais qu'il poursuivrait en ce sens et que nous aurions refait son parcours. Or il m'a énuméré une série de faits dont il aurait été le témoin. J'ai bien peur qu'il ne s'agisse de nouveaux meurtres. Maintenant, la manière dont il présente les choses, son comportement, tout laisse à penser que nous sommes face à un malade mental. En tout cas, j'ai du mal à comprendre son fonctionnement. Il est impressionnant.

— Mais que vous a-t-il dit exactement ? demande le juge, intrigué.

Je reprends point par point le déroulement de cette discussion surréaliste. Quelques minutes suffisent pour constater l'effet des propos de Francis Heaulme. Le magistrat reste pensif avant de se reprendre.

— Écoutez, je pense que vous devez procéder à de nouvelles investigations. Il faut absolument savoir si de tels faits se sont produits. Personnellement, je ne suis pas saisi de ces affaires et ne peux le faire de ma propre initiative. Je crois qu'il est de toute façon trop tôt pour en déduire quoi que ce soit, mais si cela se confirme, parlez-en au procureur. Quant à sa démence, je viens de recevoir les résultats des expertises psychiatriques et psychologiques. Selon toute vraisemblance, Francis Heaulme n'est pas considéré comme « irresponsable ». Il sera bien traduit devant la cour d'assises de Quimper.

— Tenez, regardez !

Le magistrat me montre les deux rapports posés à la droite de son bureau.

— Vous pouvez les lire, si vous le souhaitez.

J'acquiesce. La greffière me présente les dossiers.

En matière criminelle, les accusés sont soumis à deux examens. L'un, psychiatrique, doit déterminer si l'accusé était en état de démence au moment des faits et préciser s'il souffre d'une maladie mentale. L'autre est une expertise psychologique où est estimée la dangerosité de l'individu. Plusieurs documents servent de repères aux experts : les procès-verbaux de l'affaire en cours, les comptes rendus des hospitalisations, un entretien avec le prévenu et des tests psychologiques.

Le premier rapport débute par la lettre d'un psychiatre qui l'a suivi durant plusieurs années :

> « Monsieur Heaulme a été hospitalisé à treize reprises depuis 1982 à l'hôpital psychiatrique de Jury-lès-Metz. Il est toujours apparu comme une personnalité psychopathique, supportant mal les contraintes imposées par la vie institutionnelle, très demandeur d'aides diverses, mais mettant en échec tout ce qui a été entrepris dès que cela lui était proposé sous forme de contrat. »

Déjà transparaît toute l'ambiguïté du personnage. Que cherche-t-il en montrant ses problèmes et en refusant d'être aidé ?

> « Il apparaissait également comme un homme très réactif à la frustration, violent avec les autres pension-

naires, conscient de cette violence qui n'est jamais apparue au médecin comme une "violence jouissive". »

C'est bien là Francis Heaulme. Pourtant, son tragique passage à l'acte sur la plage a dû ouvrir à l'expert un autre champ d'exploration.

« Nous avons examiné M. Francis Heaulme presque trois ans après les faits. Ce qui est un délai très long permettant éventuellement toutes les reconstructions possibles du passé chez un sujet aux fréquents séjours en milieu psychiatrique, ce qui lui a permis une certaine culture psychiatrique. »

Cette remarque préliminaire indique-t-elle une simple réserve d'usage ou sous-entend-elle que le personnage est à ce point difficile à cerner ? Invente-t-il des réponses ? À la page suivante, Francis Heaulme se présente succinctement à l'expert. Toujours la même histoire, à un détail près : il s'est approprié la profession de son père. Il est devenu électricien industriel.

« Il sait s'exprimer quand il le désire, son discours est un peu haché, il a du mal à exprimer ce qu'il veut dire, il pallie cela par un accompagnement gestuel de ses propos. Il s'englue facilement dans les détails. »

Sont-ce vraiment des détails ?

« Ses problèmes de langage témoignent de ses carences scolaires. Il faut ajouter qu'enfant, il a parlé autant patois que français. Il se présente comme quelqu'un d'une intelligence se situant dans la moyenne. D'emblée, il mettra l'accent sur la violence de son père qu'il ne voit plus depuis plusieurs années. Pour lui en effet, il s'agit là de l'explication de "toute cette histoire qu'on lui met sur le dos". »

Une intelligence se situant dans la moyenne... C'est une certitude, Heaulme n'est pas l'« innocent » auquel il joue parfois. Décidément, c'est bien lui, il y a forcément une raison qui le pousse au crime. La suite est une longue biographie au cours de laquelle Francis Heaulme retrace les points marquants de son existence. Son père violent, la mort de sa mère où son univers a basculé, son errance sur les routes, l'alcool... Je les connais déjà. À peu de chose près.

> « En 1986, M. Heaulme décide de partir : "1986, c'est là que j'ai démarré...", voulant dire que depuis, il a mené une vie errante de foyer en foyer, dont il se faisait régulièrement renvoyer en raison d'excès éthyliques. Il ne peut d'ailleurs être précis dans ce périple. »

Pourquoi en 1986 ?

> « À Saint-Lô, il est arrêté par la police. Il dit lors de son interrogatoire "qu'il avait fait les commandos, qu'il aimait tuer et il ajoute qu'il n'a pas été inquiété". Il repart sur Caen, puis Metz et Blainville. Là, ayant perdu ses papiers, il va au commissariat où il sait qu'il est recherché. "Chaque fois que je passe quelque part il y a un meurtre. J'étais accusé d'un meurtre près d'Avignon." Une fois encore, il ajoute qu'il est reparti libre. »

« Chaque fois que je passe quelque part il y a un meurtre... » Quel aplomb ! Francis se joue-t-il de l'expert ? Rien ne semble l'inquiéter.

> « Sujet attentif, il cherche à s'expliquer et à convaincre, nous disant d'ailleurs qu'il attendait de pouvoir parler à des experts pour leur faire comprendre ce qui lui est arrivé... Il se contrôle bien, à aucun moment au long de l'entretien il ne laissera

percer d'émotivité, il n'y avait d'ailleurs aucune modification du pouls ou de la tension artérielle en fin d'examen. »

Cette froideur ne le quitte donc jamais ? Il est vraiment imperturbable.

L'expert se penche ensuite sur l'origine de ses nombreuses cicatrices. Il examine les bras et le torse de Francis Heaulme et mentionne :

« S'il s'est parfois mutilé ce n'est jamais lors de périodes dépressives vraies, mais beaucoup plus lors d'ivresses avec excitation psychomotrice : "Je suis comme ça, ça part", dit Francis Heaulme. »

L'analyse suivante explore le côté affectif du sujet :

« S'il sentait parfois un malaise, ayant le sentiment de ne pas être compris, de ne pas être entendu, de n'avoir personne à qui se confier, recherchant le bonheur sans pouvoir définir l'objet de sa quête, cela correspondait à une certaine insatisfaction de son existence, à une quête affective non satisfaite, beaucoup plus qu'à un état dépressif ou à des éléments névrotiques. »

Cela peut-il conduire au meurtre ?

« On ne décèle aucun signe de maladie mentale évolutive ou constituée. Certains éléments du dossier laissent à penser qu'il conserve un souvenir très précis du déroulement des faits. L'allégation de fantasmes, rêves ou scénarios devenus réalité en dehors de sa propre participation ne correspond à aucun schéma psychologique susceptible de recevoir une explication scientifique. »

Il n'est pas malade mental, j'ai du mal à le concevoir. En revanche, il n'y a donc pas de rêve sans meurtre, cette analyse conforte mes impressions.

« Heaulme ne peut être considéré comme présentant un état dangereux au sens psychiatrique du terme, par contre il nous apparaît qu'il présente un état dangereux au sens criminologique du terme. S'il était l'auteur des faits qui lui sont reprochés, nous n'avons retrouvé aucun élément permettant d'affirmer qu'il était en état de démence au sens de l'article 64 du code pénal, au moment des faits. »

Autrement dit, Heaulme est conscient et responsable de ses actes. Au sens commun du terme, il n'est pas « fou ». Il sera jugé en cour d'assises.

Heaulme a aussi fait l'objet du test psychodiagnostique de Rorschach. Cet exercice a pour but de révéler le degré d'agressivité de l'individu. Dans ces fameuses taches aux formes symétriques, certains voient selon leur personnalité des papillons, des fleurs...

« Francis Heaulme n'a pu contrôler son discours et s'est mis à interpréter sur des thèmes de violence et de morbidité : "Deux personnes qui discutent... Non, qui se bagarrent... Il y a des taches rouges... C'est du sang... Là, je le serre avec mes mains, il crie comme un animal, il y a du sang partout... Je serre, c'est plus fort que moi." Puis, sans aucune transition ni affection particulière, M. Heaulme reprend des interprétations très conformes, en évacuant toute affectivité. »

Ces dernières lignes me jettent à nouveau dans le trouble. Malgré ce nouvel éclairage sur la personnalité du meurtrier, de nombreuses questions restent en suspens. Sa sexualité est à peine évoquée, or je reste persuadé que ses crimes ont un caractère sexuel. Francis Heaulme continue de garder son mystère.

De retour à la section de recherches, je m'entretiens avec le colonel F. Il ne lui faut pas longtemps pour apprécier la situation. Sa réaction est immédiate :

— Faites déjà une première recherche informatique au plan national, tentez de ressortir ce qui correspond à ses déclarations. De mon côté, je prends contact avec le bureau de la PJ à la direction générale. Si vous avez un problème quelconque, mon bureau vous est ouvert.

Toutes les apparences d'un soutien inconditionnel...

Le lendemain matin, j'envahis le bureau de la secrétaire du service. À son grand désespoir, j'ai amené avec moi l'ensemble des documents. C'est dans cette pièce que se trouvent nos ordinateurs. Face au terminal, je tente de trouver les mots clés qui permettront de « remonter » les affaires qui nous intéressent. Les lieux, les modes opératoires, les années et les noms donnés par Francis Heaulme, tous ces éléments sont envoyés à l'ordinateur central.

Après quelques dizaines de minutes d'attente, les résultats tombent, sans appel. Aucune affaire ne peut être directement mise en parallèle avec les affirmations du meurtrier du Moulin Blanc. Cela m'étonne. Il y a sûrement des problèmes de liens entre les fichiers. J'entre à nouveau mes données, les enrichissant de quelques variantes. Le résultat est identique. Ni meurtre ni agression. C'est incroyable. Alerté, le colonel F. décide d'appeler en personne Rosny-sous-Bois, le centre névralgique de toute la gendarmerie. J'attends dans mon bureau.

Un quart d'heure plus tard, le téléphone sonne. C'est mon supérieur. D'un ton qui ne tolère aucune interruption, il me demande de le rejoindre dans son bureau. En approchant de la porte, j'imagine que cette fois, c'est fini. On va me dire d'arrêter là mes recherches sur Heaulme et de retourner à mes enquêtes... Et pour l'heure, je suis à court d'arguments.

8

La route sanglante

Contrairement à ce que j'imaginais, le colonel m'a convoqué pour m'assurer de son soutien. Il a bien conscience que nos fichiers ont montré d'étonnantes limites. À cette occasion, nous nous sommes aperçus que les affaires traitées par les commissariats de police ne figurent pas forcément sur les ordinateurs de la gendarmerie, surtout s'il s'agit de faits anciens. C'est une déperdition importante d'informations. Par ailleurs, sans date précise, l'informatique reste souvent muette. J'en reviens alors aux méthodes traditionnelles : télex et téléphone. Un à un, j'appelle mes collègues de Marseille, Strasbourg, Bordeaux, Paris et autres, sur les traces des « pépins » de Heaulme.

Ainsi une série de données se rapprochant plus ou moins des faits décrits par Francis est collectée. Comme une histoire à Auch. Les policiers locaux se souviennent bien que des SDF se sont battus au couteau derrière l'église un soir de Noël, mais il n'y a plus de traces de la procédure. Quoi qu'il en soit, les 23 et 28 décembre 1990, Francis Heaulme est reçu en consultation à l'hôpital de la ville pour une blessure au front. Est-ce une banale altercation de routards ?

Et cette tentative de vol dont il soutient être la victime, près d'une fontaine à Marseille... La section de recherches locale le confirme. Francis Heaulme a bien été admis au centre hospitalier Becker, après avoir été agressé. Or, le même jour, le 6 août 1989, un routard d'origine étrangère est admis aux services d'urgence du même centre. « Blessure au ventre par arme blanche », indique le rapport des sapeurs-pompiers qui l'ont amené. Inscrit sous une fausse identité, cet homme a quitté discrètement l'hôpital dès qu'il a pu se lever. Une simple coïncidence ? Une querelle qui tourne mal encore une fois ? Ou la violence de Francis Heaulme toujours prête à exploser ?

Que penser alors de cette agression, route de Vallières à Metz en 1990, à laquelle Heaulme prétend avoir assisté ? Le manouche qu'il a soi-disant vu est bien mort dans une bagarre avec un Maghrébin. Seulement, le jour du crime, Francis Heaulme se trouvait à Quimperlé, à 850 kilomètres de là... Sans compter que ce crime n'a pas eu lieu route de Vallières comme il l'affirme. Comment l'interpréter, quel message a-t-il voulu faire passer ?

À Bayonne, au cours de l'été 1990, le corps d'une jeune fille a bien été retrouvé au pied d'une falaise. L'enquête menée initialement a conclu à un suicide. À cette période, Francis Heaulme séjournait à la communauté Emmaüs de la ville. Plus surprenant encore, le 8 août 1990, les sapeurs-pompiers de Biarritz-Plage sont intervenus pour secourir un homme qui prétendait être tombé d'une falaise. Il s'agissait d'un certain Charles Francis, un des pseudonymes de Francis Heaulme. Ces faits sont suffisamment troublants pour relancer l'enquête.

Que dire ensuite de ces enfants morts près d'une voie ferrée ? Aucun fichier n'en a de trace. J'ai beau deviner l'homme, cette fois il me manque la clé pour le comprendre. Ces affaires restent impalpables, mais je n'exclus pas qu'Heaulme soit derrière tout cela. Il n'invente rien. L'expertise psychologique a bien mis l'accent sur sa participation dans les scénarios qu'il décrit, mais comment s'y retrouver ?

En y réfléchissant, je n'entrevois alors qu'une dernière possibilité : un scénario donné est constitué de plusieurs histoires vécues. Dates, lieux, personnages... il mélange ensuite ces éléments, ce qui a pour effet d'empêcher tout lien avec les affaires réelles. Si c'est le cas, il s'est bien joué de nous. Il faut chercher encore.

Ce n'est pas par hasard s'il a réussi à passer entre les mailles du filet aussi longtemps. Ni même par chance, mais grâce à un véritable système. Lequel ? Je ne sais pas encore, mais la réponse est peut-être dans ces lieux où il raconte avoir eu ses « pépins ». Ils ont sans doute une signification pour lui, mais laquelle... ? Il est regrettable que je ne puisse me rendre sur place, je suis certain que la vue de ces différents sites donnerait d'autres éléments.

En ce qui concerne ses noms d'emprunt, les recherches entreprises donnent des résultats étonnants. Là non plus, ils n'ont pas été choisis par hasard. Tout ce qu'il avance a un sens. Cela me paraît maintenant logique. On retrouve ainsi le nom d'un voisin alors qu'il habitait Metz, le nom de jeune fille de sa grand-mère, celui d'un SDF avec qui il a séjourné à Cherbourg. Seul celui d'Herman ne débouche sur rien... À moins qu'il ne corresponde à cet « autre qui parlait allemand » et que Francis Heaulme a vu « attraper une femme dans un champ et frapper à coups de poings et à coups de pieds. »

À ce sujet, les gendarmes de la section de recherches de Reims m'ont encore alerté. Ce récit d'agression d'une femme dans un champ ressemble de beaucoup à un de leurs dossiers. Ils viennent à Brest dans une semaine et souhaitent me rencontrer.

Le 23 septembre 1992, le commandant de cette section, accompagné d'un major, arrivent en fin de matinée. Lorsqu'ils descendent de leur voiture banalisée, j'ai la surprise de voir qu'ils sont en uniforme. Leurs tenues sont impeccables et leur allure militaire n'indique pas qu'ils viennent de parcourir plus de sept cents kilomètres. Le regard qu'ils jettent sur le bâtiment de la caserne en dit long. Il est vrai que le vieil immeuble gris, planté au bas du carrefour de l'Harteloire, n'est guère attirant, même sous le soleil. Il est encore plus triste que le Palais de justice. Les présentations sont rapides et courtoises.

— Est-ce que vous serez disponible tout le temps de notre séjour ? me demande l'officier.

— Il n'y a pas de changement, je suis à votre disposition.

Ma réponse le fait sourire. L'un comme l'autre, nous avons hâte d'entrer dans le vif du sujet. Je leur propose d'aller au cercle des officiers mariniers. Des chambres leur sont réservées. Cet hôtel militaire situé au centre-ville est très pratique pour des gens en déplacement. C'est en plus un bel endroit.

L'immeuble de sept étages d'un blanc éclatant recèle quelques trésors. Notamment sa vue imprenable. De leurs fenêtres, le commandant et le major peuvent contempler toute la rade de Brest. Ils sont ravis et le contact entre nous en est d'autant facilité. Chacun s'installe. À midi, nous nous retrouvons dans la grande salle de restaurant. Notre table est légèrement à l'écart.

— Si cela ne vous dérange pas, commence l'officier, je vais vous expliquer notre enquête le temps du déjeuner et, bien sûr, pourquoi Francis Heaulme nous intéresse.

Ainsi, sans poser de question, il raconte jusque dans les moindres détails l'enquête sur la mort de cette femme de 30 ans, retrouvée dénudée dans un champ un matin de juillet 1989. Je l'écoute avec beaucoup d'attention. Par moments, le major intervient à son tour et complète l'exposé de certains détails. Ils connaissent leur dossier sur le bout des doigts. Je vois bien qu'ils sont pleins d'espoir quant à l'orientation qui s'ouvre à eux, mais leur discours reste mesuré. Ils ont tous deux du métier et savent trop bien qu'une piste peut rapidement se révéler être une impasse. La façon dont ils me font part de leurs investigations, dont ils me confient leurs échecs, montre toute la confiance qu'ils placent en moi. Nous ressentons ces liens particuliers qui unissent ceux qui vivent ces affaires difficiles. Ils travaillent depuis plus de trois ans sur leur dossier, je sais l'investissement que cela représente. Nos plats ont été servis et sont déjà froids. L'officier s'en excuse.

— Je n'ai pas vu le temps passer, alors pensez-vous que Francis Heaulme puisse y être pour quelque chose ?

Il faut qu'ils apprécient eux-mêmes la complexité du personnage.

— Ce que je vous propose, c'est d'abord de vous décrire son comportement lors de ses gardes à vue et lorsque je suis passé le voir à la maison d'arrêt. Mais avant ça, je crois qu'il vous serait utile de prendre connaissance du dossier du Moulin Blanc. Si vous voulez, on peut aller sur les lieux du meurtre. Je préfère que nous procédions de cette façon, vous pourrez plus facilement vous faire votre propre opinion. Vous trouverez peut-être quelques similitudes entre ces affaires.

Ma réponse semble les satisfaire. Dehors, le temps s'est brusquement couvert. À 14 heures, sous la pluie et déjà un bon vent, nous foulons les premiers galets de la plage du Moulin Blanc. En avançant vers la pointe des Sables Rouges, nous croisons deux pêcheurs à pied, curieux de nous voir examiner les lieux. Nos attitudes doivent trahir nos fonctions.

— Vous savez, indique l'officier, c'est étonnant comme endroit pour commettre un meurtre. On peut être vu de n'importe où. Comme pour notre affaire, d'ailleurs.

Me retrouver là me met mal à l'aise. Les tempêtes ont légèrement modifié le bord de la plage, mais les emplacements importants sont encore identifiables. Durant quelques minutes, je leur détaille la scène du crime, leur indiquant avec précision les parties du terrain où ont été réalisés les clichés qui figurent au dossier, me déplaçant sur les galets comme l'a fait le meurtrier ce jour de mai 1989...

Mes collègues ne disent mot. Comme moi quelques années plus tôt, ils s'imprègnent des lieux. L'examen de la plage terminé, nous décidons de rentrer. Avant de regagner la brigade, nous passons devant la communauté Emmaüs où Heaulme a séjourné. Par la même occasion, je leur indique l'autre accès de la plage, le chemin même que le meurtrier a emprunté ce jour-là.

À notre arrivée, le patron de la BR nous propose de prendre un café dans son bureau. Le dossier d'Aline est à leur disposition sur une table. Le major me remet alors une partie du leur. C'est mon tour d'étudier leurs constatations. Il est trop tard pour se pencher sur trois années d'orientations, je m'attache donc au lieu de l'agression et aux abords immédiats. En tournant une à une les pages des planches photographiques, je constate de réelles similitudes entre cette nouvelle scène de crime et celles que je connais. Encore un meurtre près d'une route. Cette rare violence dans le passage à l'acte. Le côté sexuel de l'agression. Et la victime, sans histoire particulière, tout y est.

— Tu as besoin d'explications ? me demande le major.

— Non, enfin... Peux-tu me passer le rapport d'autopsie ?

L'examen de cette pièce est tout aussi révélateur...

17 h 30. Nous avons maintenant terminé nos études respectives. Il est temps de préparer l'audition.

— Si vous êtes prêts, commencé-je, je vais vous livrer, tel que je l'ai vécu, le déroulement des auditions avec Francis Heaulme.

La phrase fait cesser les conversations. Installés autour de deux bureaux, François et mes nouveaux coéquipiers écoutent. J'avance progressivement dans la description. Mais après quelques minutes, je suis soumis au feu des questions. L'officier débute :

— Vous dites qu'il peut s'exprimer normalement, sans y mettre de l'imaginaire ou d'autres histoires vécues, alors pourquoi continue-t-il cela avec vous ?

— C'est bien ce qui m'intrigue. Je suis convaincu qu'il s'agit d'un jeu. Il se protège en mêlant plusieurs faits. En réalité, il n'invente jamais rien. Il transpose les histoires les unes avec les autres, même si paradoxalement il prend un risque. Mais pour l'instant, personne n'a pu identifier ces affaires. Il s'en rend parfaitement compte. Je crois aussi qu'il aime dominer son interlocuteur, le sentir impuissant face à ses récits. Le pire, c'est de penser qu'il revit ainsi encore un peu ce qu'il a pu faire. Ce comportement correspond bien aux expertises psy. Jusqu'à présent, il ne m'a parlé clairement qu'une fois. Nous étions à table à Strasbourg. C'est la preuve qu'il fait attention au contexte, pour lui il ne se trouvait plus en garde à vue. Gardez à l'esprit qu'il est lucide et sait parfaitement où nous voulons en venir. Il se souvient exactement de ce qu'il a fait, et de ce qu'il a dit. Surtout ne lui posez pas de questions dont vous n'avez pas la réponse, laissez-le parler.

Je les sens réceptifs à mes recommandations.

— Comment peut-on s'en sortir, si on n'a que des soupçons de sa participation sur notre dossier ? Il va nous balader, ce type. Il est impossible de tout connaître de son parcours...

— Tu as vu depuis combien de temps il est sur la route, enchaîne le major.

— C'est exactement la situation dans laquelle je me suis retrouvé l'autre jour à la maison d'arrêt. Il a déversé une série d'histoires alors que je ne demandais rien, et j'ai préféré y mettre un terme au plus vite. Dans votre situation, je ne lui demanderais rien d'autre que d'expliquer où et quand il a séjourné à Reims. S'il y est allé, il le dira. Vous allez être surpris par sa mémoire.

L'officier intervient à nouveau.

— Vous allez peut-être nous aider au cours de l'audition ?

— Francis Heaulme me connaît maintenant, il observe tout. Si nous hésitons lors d'une question, en nous regardant par exemple, il le sentira. Je vais essayer de vous mettre dans le ton de notre rapport, ensuite vous prendrez la main. Si vous sentez qu'une réponse vous échappe, ne relancez rien. Il vaut mieux stopper l'audition, et vérifier ce qu'il dit.

— Mais, poursuit le major, s'il nous parle d'un autre personnage, à sa place, nous ne saurons pas si c'est vrai ou non. Nous serons obligés de le mentionner sur l'audition et il verra bien où nous en sommes.

Je me remémore alors le comportement de Francis à Strasbourg.

— Dans l'affaire de Brest, il m'a déjà parlé d'un « autre » qui poignardait la victime. Je lui ai demandé alors de faire le croquis de la plage et de ce qu'il avait vu. Il a été très précis et a situé tous les intervenants. Simplement, à la fin, sur le croquis, l'« autre » s'était transformé en « lui ». Il n'y avait plus de personnage imaginaire. D'ailleurs, l'audition avait repris sans cet « autre ». Un croquis des lieux, c'est sans doute la solution.

Les questions s'arrêtent là. Chacun se demandant comment cette garde à vue va bien pouvoir se dérouler.

— Au fait, j'allais oublier de vous dire que demain il est préférable de venir en civil à la maison d'arrêt. Francis Heaulme m'a dit que les uniformes lui donnaient envie de tuer.

Surpris, mes deux collègues se regardent, l'air dubitatif.

— Mais qui est ce personnage ? souffle le major.

Nous rejoignons notre hôtel.

Le lendemain, à 14 heures, nous voici tous les trois devant la maison d'arrêt. Le temps de vérifier nos identités et le surveillant nous ouvre la lourde porte métallique de cet autre mondc. Enfermés dans nos interrogations, nous marchons sans rien dire.

Près de l'entrée des parloirs, je romps le silence :

— Si je vous présente à Francis comme des connaissances, je vais vous tutoyer et vous appeler par vos prénoms, cela ne vous gêne pas ?

Ma question les amuse.

— Il n'y a pas de problème, moi c'est André, répond l'officier.

— Et moi, Claude, poursuit le major.

Un gardien vient à notre rencontre.

— Vous êtes trois ? s'étonne-t-il. Il va falloir trouver des chaises si vous voulez tous être assis.

Nous trouvons deux autres sièges dans un parloir voisin et prenons place dans la petite pièce, toujours la même. Finalement, je commence à m'y faire. Claude sort sa petite machine à écrire, tandis qu'André semble se concentrer.

— Si vous êtes prêts, je fais venir le détenu, nous signale le surveillant.

Afin qu'il ne soit pas surpris, j'attends Francis juste à l'entrée des parloirs. Quelques instants plus tard, sa grande silhouette se dessine derrière les grilles. Au signal, la porte s'ouvre devant lui. En deux enjambées, il est face à moi. Je crois deviner dans son sourire figé qu'une fois encore il est content de me voir.

— Bonjour, François, ça va ?

C'est la première fois qu'il prend de mes nouvelles.

— Oui, Francis, et toi ?

Nos mains se frôlent. Il ne répond pas. Il a vu mes coéquipiers dans le parloir.

— Entre, Francis, je vais te présenter. Voici Claude et André. Ils font le même travail que moi, et ils ont des choses à te demander.

Francis Heaulme les dévisage avec insistance et fuit leurs poignées de main. Il est déjà très tendu.

— Vas-y, Francis, assieds-toi où tu veux.

Je me place volontairement à ses côtés. André prend la parole :

— Nous sommes de Reims, et nous aimerions parler de votre parcours sur les routes.

Claude est toujours occupé à préparer ses imprimés. Heaulme me regarde avec obstination.

— Je t'avais dit que d'autres personnes voulaient te rencontrer, elles sont là maintenant.

Mes paroles le détournent de moi. Ses yeux perçants s'arrêtent sur André. Il l'examine fixement, donnant le sentiment de vouloir lire en lui. Il débute de lui-même par le lent récit de cet infini voyage, peuplé de scènes de guerre, citant une à une les villes qu'il a traversées. Chaque nom de commune est accompagné d'une anecdote, d'une remarque, comme s'il voulait prouver qu'il y est réellement passé. Nous l'écoutons avec beaucoup d'attention tandis que Claude s'active derrière son clavier. Francis Heaulme parle depuis une heure lorsque soudain il s'arrête. Pendant quelques secondes, seuls résonnent les claquements de la machine à écrire. Que se passe-t-il ? Notre homme semble chercher un second souffle. Il nous regarde tour à tour. Cette petite pièce n'est pas faite pour y rester longtemps, encore moins à quatre ; il fait chaud. Claude en profite pour retirer son pull. Heaulme reprend :

— J'ai effectivement un bon souvenir de chez vous.

Il donne alors des dates, décrit des bâtiments, évalue les distances entre différents points de la ville et raconte enfin avoir assisté au crime d'une femme dans un terrain vague avec de multiples détails.

Francis Heaulme ne s'occupe plus de moi et s'adresse maintenant directement à Claude. Il sait sans doute que personne ne croit à sa version, mais il continue avec un aplomb impressionnant. L'« autre » entre en scène.

Aussitôt, Claude, en tendant une feuille et un stylo, lui demande s'il ne peut pas décrire tout cela par un dessin. Francis s'approche alors de la petite table, tel un jeune écolier. Complètement replié sur lui-même, n'utilisant pas toute la surface qui s'offre à lui, il trace sans hésiter un plan d'une précision à toute épreuve. Nous l'observons sans un bruit. Avec ce croquis, Francis Heaulme est devenu le témoin numéro un de cette affaire.

L'« autre » a disparu. La tension est presque palpable. Francis termine et remet son dessin, qu'il date et signe. André intervient :

— Nous allons cesser là l'audition, je crois que nous reviendrons dans quelques jours.

Étonné, Francis Heaulme me regarde. Je ne fais aucun commentaire. Comme à son habitude, il se lève alors sans un mot et quitte le parloir avec le surveillant.

Quelques minutes plus tard, nous sommes de retour à la brigade de recherches de Brest. Claude ne cache pas sa satisfaction.

— Dès que nous aurons vérifié sur place les déclarations de Francis Heaulme, il sera mis en examen. Son croquis correspond bien au lieu du meurtre. Pour le reste, c'est du 50/50.

Cette remarque est celle d'un enquêteur sentant l'aboutissement proche. Je le comprends, mais je ne peux m'empêcher de penser aux 50 manquants. Les multiples détails du crime qu'il a vu... Certainement une autre affaire. Mes deux collègues décident de repartir dès le lendemain matin. Ils ont besoin de faire le point au plus vite sur ces nouveaux éléments avec le juge d'instruction en charge du dossier.

Nous rejoignons le cercle des officiers mariniers. André et Claude souhaitent m'inviter à dîner. À 20 heures, dès mon arrivée au restaurant de l'hôtel, André me lance :

— Bon, parlez-moi de tout, sauf de meurtre, d'accord ?

— D'accord, mais seulement si vous m'offrez l'apéro.

Ainsi débute la soirée, qui sera finalement très courte. Cette audition nous a demandé à tous une énergie considérable, confinés comme nous l'étions dans cette petite pièce de la maison d'arrêt. À 21 h 30, nous regagnons nos chambres.

Le lendemain matin, au pied du vieil immeuble gris de la gendarmerie, j'accompagne mes deux collègues jusqu'à leur voiture. Juste avant de nous séparer, André me lance :

— On vérifie et on revient.

Ils ont tout juste quitté l'enceinte de la caserne que d'une fenêtre un gendarme m'apostrophe :

— Ton patron au téléphone, vite !

Le colonel n'est pas du genre à convoquer son personnel pour rien. Il est sûrement arrivé quelque chose et une équipe a besoin de renfort. Je rejoins rapidement son bureau.

— Bonjour, Abgrall, vous avez toujours vos deux chambres réservées ? Eh bien gardez-les ! La SR de Bordeaux arrive demain. Jacky R. et un enquêteur de Périgueux viennent entendre Heaulme. Le magistrat a donné son accord.

Décidément, les choses s'enchaînent vite. L'affaire qui les amène n'est pas classée parmi les priorités. Même si toutes les caractéristiques des agissements du tueur du Moulin Blanc sont réunies dans leur dossier, un aspect continue de me gêner. Et non des moindres. Le meurtre dont ils s'occupent a été commis par plusieurs personnes. Pour l'instant, rien n'indique que Francis Heaulme ait agi, a fortiori avec un complice.

Quelques heures plus tard, les gendarmes de Bordeaux sont là. Leur dossier recèle lui aussi son lot d'horreurs. Le 9 mai 1986, le corps d'un jeune appelé du contingent a été découvert, battu à mort, dans un gymnase du centre-ville de Périgueux. Laurent avait 20 ans. Dans le sang de la victime, les traces de pas des assassins étaient visibles.

Les services de police initialement en charge du dossier ont été dessaisis après de graves problèmes de procédure. Deux marginaux avaient d'ailleurs été incarcérés avant d'être mis hors de cause. L'enquête, sérieusement épurée de sa substance, est arrivée quatre années plus tard sur le bureau de Jacky R. Ce ne sont pas des conditions idéales pour travailler, mais à écouter ces enquêteurs et leur détermination, je réalise qu'ils ont peut-être vu juste. Eux aussi ont de l'expérience. Les éléments du crime du Moulin Blanc et le portrait du meurtrier que je leur brosse ne les découragent pas. Au contraire, ils mettent en évidence de nombreuses analogies avec leur affaire.

La présence d'un complice... Peut-être est-ce la question que Francis Heaulme attend que je lui pose ? Si tel est le cas, je crois que le prénom de Laurent viendra s'ajouter aux autres.

Il est 9 h 30 lorsque nous pénétrons dans la maison d'arrêt. Le surveillant-chef commence à s'habituer à mes visites.

— Encore toi, Jean-François, tu vas voir ton copain ? dit-il, avant d'ajouter : Ici, il est doux comme un agneau, tu sais...

— Ne crois pas ça, Jean-Yves, lui fais-je très sérieusement.

Je sais trop combien Francis Heaulme est dangereux, sous ses airs tranquilles. Le protocole des prénoms adopté, nous nous installons. Jacky R. place son ordinateur portable sur la petite table. Il a mis en mémoire une série de questions préparées la veille. Christian s'installe à côté.

Je leur donne un dernier conseil :

— Faites-vous petits, soyez demandeurs face à lui mais soutenez son regard. Il aime dominer, il parlera.

À la vue de Francis dans le couloir, je réalise que quelque chose ne va pas. Son visage est fermé, notre venue n'a pas l'air de lui plaire. Sèchement, il me salue. À peine le temps de lui répondre, il est dans la pièce.

— Vous êtes venus pour Charleville, vous êtes venus pour Charleville-Mézières ! insiste-t-il en s'adressant à Jacky.

— Pas du tout, Francis, ils sont de Bordeaux, pas de Charleville-Mézières.

— Je croyais qu'ils venaient pour Charleville-Mézières. Alors, vous êtes de Bordeaux ?

En un instant, son visage s'est détendu. Il a changé de ton, abandonnant l'irritation qu'avait fait naître la provenance qu'il imaginait. Il est intéressé. Pour lui, une nouvelle partie commence.

— Nous sommes bien de Bordeaux, précise Jacky.

Heaulme s'assoit et commence aussitôt à raconter son parcours avec de nouvelles variantes. Ma présence lui plaît, à n'en pas douter. Je suis sûr qu'il a fait exprès de citer Charleville-Mézières. Il s'amuse. Lorsqu'il inclut des petites différences à son histoire personnelle, il me lance un regard. Il n'est plus dans le mépris ou le doute, mais cherche ma complicité. Il est content que je ne le reprenne pas. En fait, il profite de cette situation pour m'adresser des messages. Jacky intervient :

— J'ai un album photographique à vous soumettre. Il s'agit de marginaux que vous avez peut-être rencontrés sur les routes. Vous pouvez regarder ?

Notre homme se penche vers la table et examine très lentement chaque cliché.

— J'ai rencontré ce barbu à Charleville-Mézières. J'étais vêtu à cette époque d'une chemisette et d'un short en velours... Il m'a indiqué qu'avec plusieurs personnes, il squattait. Il m'a invité... Pour nous rendre à cette maison, nous avons fait deux à trois kilomètres... Nous sommes arrivés vers 10 heures. Après, d'autres personnes sont venues. Un Turc dont je n'ai qu'un vague souvenir, un Allemand de forte corpulence, âgé de 35 ans environ. D'ailleurs, il ne s'exprimait pas en français. Est arrivé également un Arabe accompagné d'une femme blonde de 30-40 ans. Elle tenait un teckel en laisse...

Christian intervient et demande si Francis peut faire un croquis pour situer ce squatt. Avec la même précision, sans dire un mot, Heaulme dessine le plan encore une fois riche d'infimes détails. Il indique jusqu'à la couleur des volets de la maison. Jacky intervient :

— Mais vous venez de nous indiquer les abords de Périgueux et non de Charleville-Mézières !

Francis se tourne vers moi, s'énerve, ne supporte pas d'être mis devant ses contradictions.

— Je vais tout foutre en l'air ! Je vais tout foutre en l'air ! crie-t-il.

À son visage, je sais pourtant qu'il continue de se contrôler. En fait, ce message m'est adressé. C'est sa façon de me demander s'il peut le faire. Il ne veut pas perdre la face.

— Fais ce que tu veux, Francis, mais ne touche pas à l'ordinateur, c'est le mien.

Il faut qu'il sorte de cette situation pour que nous puissions reprendre le dialogue. Il est temps qu'il ressente que je ne suis pas nécessairement contre lui, que je ne cherche pas à le juger, mais simplement à comprendre pourquoi il est passé à l'acte. Christian et Jacky ne me suivent plus, ils sont sur leurs gardes.

Heaulme s'élance d'un coup et renverse violemment sa chaise. Il est aussitôt maîtrisé par mes collègues. Il n'a pas touché à l'ordinateur. J'ai ce que je voulais. En me demandant l'autorisation avant d'agir, il vient de montrer une faille : il a besoin de quelqu'un. Mon attitude est aussi une ouverture à une relation plus étroite.

Christian lui demande de se rasseoir et menace de lui passer les menottes. Heaulme s'exécute lentement, tendu à l'extrême. En se baissant, il me lance un regard reconnaissant. Il vient de me dire qu'il me fait confiance. Je commence à le lire. Lors de ses dernières auditions, il m'avait placé, tel le Gaulois sur la plage, en spectateur impuissant de sa violence. Je vais enfin pouvoir changer de rôle.

Après ce coup d'éclat, Jacky décide de suspendre l'audition. Sur le trajet du retour, je sens bien que mes deux coéquipiers se posent des questions à mon sujet.

— J'imagine que vous n'avez pas apprécié que je dise à Francis Heaulme de faire ce qu'il voulait ?

Je n'ai pas le temps de continuer, Christian m'interrompt :

— Justement, imagine qu'il ait réagi autrement, qu'il ait pris sa chaise, qu'il ait brisé l'ordinateur.

Je leur livre alors mon interprétation de ce qui s'est réellement joué au cours de cette scène. J'insiste sur le fait qu'elle est l'expression d'une faiblesse chez Heaulme. Finalement, ils partagent mon analyse.

Le lendemain, chacun retourne dans son unité. Compte tenu de l'évolution des affaires, le colonel F. reprend contact avec le bureau de police judiciaire de la direction de la gendarmerie. Il y a de fortes probabilités qu'une cellule de rapprochement soit ouverte.

Les dossiers sont loin d'être clos et Francis Heaulme est maintenant incarcéré depuis presque une année.

Deux mois plus tard, le 7 décembre 1992, mes collègues de Reims sont de retour à Brest. Tout est prêt pour leur arrivée. Ces derniers jours, nous avons échangé quelques appels téléphoniques. Ils ont préparé leur liste de questions. Nous nous retrouvons à la maison d'arrêt. À présent, je trouve cette pièce bien pratique. Ne pas changer d'endroit a ses avantages. Les regards ne se perdent pas dans des explorations futiles, chacun a ses repères et la concentration des uns et des autres est immédiate.

Encore une fois, nous ne venons pas en accusateurs, mais c'est dans la position de demandeurs que nous rencontrons Francis Heaulme. Jusqu'à présent, cette méthode est la seule qui ait jamais fonctionné.

Lorsque Francis Heaulme entre dans le parloir, nous sommes prêts. Il me regarde et je comprends qu'aujourd'hui il ne jouera pas. Il s'installe. André et Claude posent leurs questions, auxquelles il répond en détail, décrivant à souhait des éléments parfois sans grande importance. Malgré tout, il garde un air songeur. Une autre histoire le préoccupe sans doute. Trois heures passent, moins tendues qu'à l'accoutumée.

Francis Heaulme conclut son audition d'un geste vif. Il signe les feuillets rapidement, comme pour se débarrasser d'un problème. Tandis qu'André et Claude ramassent leurs documents, j'accompagne Francis dans le couloir.

— Ça ne va pas aujourd'hui, Francis ?

— J'attends ceux de Bordeaux, me répond-il.

Le ton est ironique et je perçois son impatience. Je suis sûr qu'il a déjà préparé son histoire, ressassé chaque détail morbide du fond de sa cellule. Coupé du monde, il ne peut plus aujourd'hui détruire les autres, mais il a trouvé un palliatif qui semble lui procurer un véritable plaisir : faire courir les enquêteurs sur les traces des crimes. Une manière bien à lui d'atteindre encore ses victimes ?

André et Claude sont satisfaits, ils tiennent leur suspect. Ils ont trouvé l'audition plus facile qu'ils ne le croyaient et Francis Heaulme moins impressionnant que prévu. C'est vrai et tout démontre que l'affaire de Reims ne l'intéresse plus. Tout était posé dans ce champ. Il ne peut donc plus tirer de cette histoire une quelconque jouissance. Pour lui, il n'y a plus d'enjeu. Il passe à autre chose. À un autre crime.

De leur côté, à Périgueux, Jacky et Christian ont fait un travail colossal. Ils ont identifié un à un le Turc, l'Allemand, le Maghrébin, la femme blonde ainsi que deux autres témoins. Tout était donc bien réel. L'itinéraire que Francis Heaulme a dessiné les a conduits jusqu'à un pigeonnier. Ils sont prêts pour une nouvelle rencontre.

— Nous avons entendu le barbu dont a parlé Heaulme, m'annonce Jacky à son arrivée. Il confirme bien l'avoir rencontré à Périgueux.

Cette fois, il est clair que notre suspect n'a pas toujours agi seul. Nous allons devoir élargir notre champ de recherches.

Le lendemain, de retour à la maison d'arrêt, Francis semble impatient de nous voir.

— Je pensais que vous alliez venir plus tôt, dit-il en entrant.

Il prend ensuite des nouvelles de mes collègues, s'inquiète de leur fatigue après une si longue route... Une attention très inhabituelle de sa part. Nous restons en alerte. Il prend place sur sa chaise et Jacky entame l'audition.

— Nous avons beaucoup de choses à vous demander. Quand vous êtes arrivé à Périgueux, quels sont les établissements que vous avez contactés ?

Francis répond volontiers, mais rapidement sa déclaration devient effrayante.

— En fait, lorsque je suis arrivé devant le foyer, le barbu m'a demandé ce que je faisais le soir même. Si je n'avais rien de prévu, il m'a proposé de l'accompagner dans ce parc, situé à côté du foyer. Là, nous avons attendu d'autres personnes. Le barbu avait amené du vin... L'Arabe, la femme et le Turc nous ont rejoints... Nous nous sommes installés près des statues... Celui figurant sur la photo n° 3 nous a rejoints à peine une heure après. Il était ivre et agressif. Il a essayé de me provoquer en me demandant ce que je faisais à cet endroit. Peu après, il a interpellé un jeune homme seul qui portait un sac de voyage. Il traversait le parc. Il semblait le connaître. Il lui a demandé son argent en le tenant par le col. Le jeune n'a pas voulu donner son argent et l'autre lui a donné un coup de boule.

J'interviens :

— L'autre ?

Il sourit et reprend immédiatement, les yeux fixés sur Jacky, comme pour le convaincre.

— C'est à ce moment-là que je suis intervenu. Je les ai séparés. J'ai demandé de le laisser tranquille. Le jeune homme, certainement un militaire, est tombé par terre, l'autre lui a donné des coups de pied... Il était assommé... Le militaire a été déshabillé par le Turc et l'Arabe... Nous sommes restés passifs... Ils l'ont soulevé et transporté en dehors du parc.

Christian ne peut s'empêcher de me regarder. Francis Heaulme continue de proférer sa version des faits, toujours sans l'ombre d'une émotion. Sa description du gymnase où le corps du jeune homme a été découvert est d'une très grande précision. Je l'observe. Il ne raconte pas, il est à nouveau sur le terrain de basket. Il revit la scène.

— Ils l'ont placé sur un grand tapis... J'étais caché dans un coin de la salle... Il était attaché les mains dans le dos... C'est l'Arabe qui a décroché l'extincteur et l'a passé au numéro 3... Il y avait du sang partout sur le revêtement...

C'est très dur, comme chaque fois qu'un assassin avoue un crime. Mais cette fois, il nous faut encore composer, rester naturels comme si ce que nous entendions était normal. Nous ne devons pas couper ce précieux fil qui nous relie.

Jacky met un terme à l'audition. Elle a duré cinq heures.

Francis Heaulme rejoint sa cellule plus fatigué que d'habitude. Pour lui aussi, ces auditions sont éprouvantes. On s'épuise vite à rester dans le contrôle permanent de ses actes et de ses paroles. Mais cette fois, il a l'air hagard, comme revenu d'un très long voyage.

Christian livre ses premières impressions.

— Le tapis, les mains attachées dans le dos, l'extincteur... tout y est, mais c'est un sacré désordre. Je ne sais toujours pas lesquels d'entre eux étaient réellement dans le gymnase. Nous avons encore du travail...

Périgueux, Reims, Avignon et Brest : déjà quatre mises en examen. J'ai longtemps cru que le crime du Moulin Blanc était le fait d'un tueur solitaire. D'une certaine façon, je n'avais pas tout à fait tort. Heaulme a presque toujours vécu seul et rejeté de tous. Les dernières affaires ouvrent de nouvelles perspectives. Heaulme n'a pas de type de victimes particulier. Elles peuvent être jeunes ou âgées, grandes ou petites, blondes ou brunes. Il peut s'agir de femmes ou d'hommes, toujours en position de faiblesse. Les scénarios qu'il imagine et qu'il finit par réaliser sont mouvants. Un autre aspect de sa psychologie se dessine. Il aime s'entourer de spectateurs quand l'occasion se présente. Des seconds rôles, comme le Gaulois, que Francis Heaulme met en place comme des pions et prend à témoin contre leur volonté, mais qui peuvent très bien devenir des acteurs du meurtre s'il en a décidé ainsi.

En l'occurrence, dans l'affaire de Bordeaux, le complice de Francis Heaulme, mis en examen en même temps que lui, s'appelle Didier G. Un autre marginal dont le nom va devenir tristement célèbre. Il sera reconnu coupable d'un autre meurtre : celui d'une petite fille de 7 ans, assassinée sur les berges de la rivière qui longe le village La Motte-du-Caire. Il est terrible de penser que le hasard a pu réunir ces deux hommes animés des mêmes pulsions de mort. Je crains que n'existent d'autres complices des crimes de Francis Heaulme, mais combien sont-ils ? Peuvent-ils être, eux aussi, des tueurs multiples ?

9

La route sanglante (*suite*)

Devant moi, le colonel F. pousse la porte vitrée du service technique et de recherches de Rosny-sous-Bois. Il se dirige vers l'accueil et nous présente au gendarme de permanence. Aujourd'hui, après plusieurs mois d'attente, nous avons rendez-vous avec plusieurs membres de l'état-major de la gendarmerie.

Nous traversons un hall spacieux, avant de descendre l'escalier menant aux salles du sous-sol. En chemin, je croise de multiples connaissances. Ce site est un véritable carrefour. Dans le cadre de leurs recherches, les enquêteurs de toute la France sont souvent amenés à se rencontrer ici. Nous sommes moins de quatre cents et, au fil du temps, nous finissons par nous connaître tous.

Nous pénétrons dans une longue salle étroite, sans fenêtre ni chauffage. En ce mois de février 1993, un peu de chaleur n'aurait pas été de trop. Six personnes sont déjà assises autour de tables disposées en carré, de manière à se faire face. Un officier de la direction générale, le commandant du service technique et ses chefs de départements se présentent tour à tour. Nous gagnons nos places tout en préparant nos blocs-notes. L'officier de la direction prend la parole :

— Comme vous le savez, nous sommes ici afin de mettre sur pied une cellule de rapprochement sur les agissements criminels de Francis Heaulme. Les commandants des SR de Rennes, Bordeaux et Reims nous ont alerté sur la nécessité d'organiser de nouvelles recherches car cet homme pourrait avoir commis d'autres crimes. C'est pourquoi je vous ai réunis. Vous représentez l'ensemble des services d'investigations de la gendarmerie.

Il se tourne vers moi et dit :

— Abgrall, vous qui avez un contact particulier avec cet homme, comment organiseriez-vous les recherches ?

Je ne m'attendais pas à une telle entrée en matière. J'imaginais entendre des propositions de part et d'autre, mais c'est à moi d'en faire. Je rassemble mes idées et je me lance.

— Francis Heaulme est sur les routes depuis 1984. Actuellement, il est soupçonné de quatre meurtres entre 1986 et 1989, tout cela dans des villes différentes. Par conséquent, il faut déjà savoir où il a séjourné et étudier ce qui s'est passé dans ces endroits.

— Est-ce possible ? demande l'officier au commandant du service technique.

— Probablement, répond-il.

— Il n'y a qu'à établir une nouvelle fiche d'attention sur l'individu et la diffuser à toutes les unités, ajoute un chef de département, en précisant de nous faire parvenir les dates et les villes où cet homme a été contrôlé.

Mais nous savons tous que de telles fiches sont parfois classées avant même que l'ensemble d'un service n'en ait eu connaissance. Je saisis la balle au bond.

— Il faudrait, sans aller plus loin, imposer une centralisation des réponses, même négatives, de façon à être certain que toutes les recherches ont été faites dans chaque commune.

À midi, tout semble être réglé. Avec l'accord du colonel F., je suis détaché à Paris, à la direction générale de la gendarmerie nationale. Une cellule de rapprochement a été créée pour coordonner les actions à l'échelon national et assurer les liens entre les enquêteurs.

J'en ai officiellement la responsabilité. Par message, l'ensemble des unités de gendarmerie est alerté. Dans chaque section de recherches, un correspondant est désigné. En fonction des besoins, il me prêtera main-forte. À Rosny-sous-Bois, un spécialiste du traitement informatique va me seconder. Il doit notamment m'assister dans le tri des affaires susceptibles de nous intéresser.

Le dispositif est de taille. Cette fois, la direction générale a mis les moyens. Compte tenu des nombreux déplacements que je vais devoir faire, un budget location de voiture m'est même alloué. Fait encore plus rare, je pourrai prendre l'avion, exceptionnellement...

Après un bref déjeuner, nous reprenons la direction de Rennes. Sur le périphérique parisien, la circulation est dense. Profitant de la situation, le colonel F. se tourne vers moi et me dit :

— Les choses avancent, Abgrall, vous allez pouvoir travailler. Vous savez, je n'ai jamais vu dans l'institution un poste comme le vôtre. Ce qui a été décidé aujourd'hui est unique. C'est une chance, j'en suis certain, mais cette fonction comporte aussi des dangers. Il n'y a pas d'électron libre en gendarmerie, gardez ça à l'esprit.

Il a raison et, en y regardant de plus près, cette mise en garde n'est sans doute pas inutile. Les autres personnels désignés restent affectés dans leur unité, sauf moi. Je suis, en quelque sorte, suspendu dans le vide. En cas de problème, rien ne m'assure que cette liberté, dont je jouis à présent, ne se retournera pas contre moi. Il n'est pourtant pas question de faire machine arrière.

— Merci, je tâcherai de m'en souvenir.

Une semaine plus tard, je suis à nouveau dans les entrailles du fort de Rosny-sous-Bois. Le chef du département Atteinte aux personnes me reçoit. Il me conduit dans un local minuscule situé près du service.

— Ici, tu seras tranquille pour travailler. Ne t'inquiète pas pour la photocopieuse, elle ne fonctionne pas, donc personne n'a de raison de venir ici.

C'est typique de l'endroit. Ce fort manque cruellement de place, alors se voir installé dans un grand placard c'est encore une veine... Le chef ajoute :

— Reste là si tu veux, je vais chercher ton nouveau coéquipier.

Je préfère le suivre. Dans un bureau voisin, il me présente Christophe. C'est un homme mince, d'une trentaine d'années, d'allure discrète. Ce gendarme était présent à la réunion de la direction générale. Il sait de quoi il retourne.

Les présentations faites autour d'un café, je ne tarde pas à m'apercevoir qu'il est ravi de participer à cette enquête.

— Tu sais, ici c'est la routine, dit-il. Une question d'une unité, une recherche, une réponse et on recommence. Sur ton dossier, il y a des recoupements à faire, et je vais tout centraliser, c'est autre chose.

C'est une chance, cet homme est en plus organisé et astucieux. Il a réfléchi aux problèmes du recoupement informatique des affaires. Il pense avoir des solutions.

Nous nous mettons rapidement au travail. Son bureau peut à peine contenir deux personnes, mais nous nous installons tant bien que mal.

Tout en énumérant les points clés que je souhaite faire figurer dans la fiche de renseignements, nous évoquons la personnalité de Francis Heaulme. Christophe prend des notes, se fixe des repères de dates et me pose des questions.

À 16 heures, nous avons terminé. La fiche se présente ainsi :

> « Heaulme Francis a probablement commis de nombreux meurtres sur l'ensemble du territoire national. N'agit pas toujours de la même façon (mort donnée par coups de poing, pierre, couteau, étranglement avec violences extérieures). N'utiliserait pas d'arme à feu. Déshabille ses victimes entièrement ou en partie, qu'il choisit au hasard de ses rencontres. A dû commettre des doubles meurtres. Se fait hospitaliser.
>
> « L'effort devra porter sur : toutes les traces de passage de l'individu (hôtels, communautés, notamment celles d'Emmaüs, registres de PV, mains courantes des commissariats, hôpitaux psychiatriques...), les affaires de meurtres non solutionnées, les disparitions et les découvertes de cadavres, la présentation auprès des administrations diverses, les bureaux d'aide sociale, les mairies, les pompiers (transport), les foyers, les hôpitaux... La recherche devra être effectuée sur la période du 01.01.1984 au 08.01.1992. Les renseignements seront transmis au fur et à mesure, si possible par message au service technique de Rosny-sous-Bois avec le nom de code : Heaulme Francis. Ces vérifications devront être faites avant fin avril 1993. »

En tête du dossier, nous joignons six photographies du meurtrier. Elles ont été prises entre 1989 et 1992. Selon les années, l'expression de Heaulme change radicalement. Celle de 1989, par exemple, est particulièrement inquiétante : son visage est grimaçant et torturé. En revanche, sur la dernière en date, celle de 1992, Francis, les cheveux courts et bien peignés, a l'air apaisé. Les témoins éventuels qui l'ont croisé durant cette période ont sans doute vu l'un de ces deux visages.

Christophe programme ensuite l'ordinateur central. En quelques secondes, notre demande de renseignements est envoyée dans une cinquantaine de services régionaux de gendarmerie et de police.

Pendant toute cette période, Heaulme n'a cessé de voyager. Il y a de fortes chances qu'il ait laissé de multiples traces de son passage. Nous n'aurons sans doute pas trop longtemps à attendre avant de recevoir des réponses.

Le second volet de notre exploration informatique est plus incertain. Il s'agit de détecter tous les meurtres non résolus dont les modes opératoires correspondent à ceux que nous avons déjà. Nous pourrons ensuite les classer par priorité, et tenter des rapprochements.

Je demande à Christophe :

— Essaie sur les dix dernières années, de 1981 à la fin 1991. Avant, il y a prescription.

— Si loin ? s'étonne Christophe.

— Oui, absolument. Les meurtres qu'on lui connaît montrent déjà trop de savoir-faire. Il a dû commencer très tôt son apprentissage.

Christophe s'active.

— OK, mais je ne sais pas ce que cela peut représenter en quantité.

Un à un, Christophe entre les codes qui correspondent à la catégorie des faits. Chaque délit, chaque crime est désigné par une lettre et un chiffre. Après quelques minutes de ce travail laborieux, il appuie sur « Envoi ». Nous n'avons plus qu'à attendre. Cinq minutes passent. Soudain, le téléphone sonne. Mon coéquipier décroche :

— Oui, oui, c'est bien moi... Oui, je viens de le lancer... Comment ? 1 125 affaires !... D'accord, d'accord...

Christophe raccroche.

— Bon sang, tu as entendu ? Il paraît que j'ai failli bloquer tout le service. Si nous voulons traiter ta question, nous devons le faire la nuit, quand personne n'utilise les ordinateurs. Je suis de permanence demain soir, je pourrais m'en occuper.

1 125 affaires de meurtres non résolues, sur seulement dix ans ! J'en imaginais moins du quart. J'étais loin du compte. Des nuits blanches en perspective...

En attendant la collecte de toutes ces données, je décide de rejoindre les différentes unités susceptibles de me venir en aide. Ma première étape est Reims. Sous le coup d'une mise en examen, Francis Heaulme a été transféré à la maison d'arrêt de la cité rémoise.

À Reims, la caserne de la gendarmerie se trouve au bout de la rue Robespierre. Juste en face de la prison, si proche que, pour un peu, gendarmes et détenus pourraient se parler par les fenêtres. L'une comme l'autre datent du siècle dernier. De hauts murs de pierres rouges cachent ces lieux ternes où seule l'enseigne tricolore met un peu de couleur. La garnison de Brest n'est finalement pas si vétuste. Francis Heaulme est donc à quelques pas de ma nouvelle résidence. Cette proximité va me faciliter les choses.

Après les salutations d'usage et une rapide collation, Claude m'apprend que Francis Heaulme, averti de ma venue prochaine, demande depuis des jours à me voir.

En quelques enjambées, je suis à l'entrée. Sous le regard d'une caméra de surveillance, je sonne et me présente. Cinq bonnes minutes s'égrènent avant que s'ouvre bruyamment la petite trappe découpée dans l'imposante porte d'acier. Un visage apparaît, regarde à gauche puis à droite. « Vous êtes seul ? » me demande-t-on. Je réponds par l'affirmative et ne peux réprimer un sourire. La trappe se referme et le cliquetis d'un lourd trousseau de clés annonce mon entrée. J'ai l'étrange impression d'être revenu à une autre époque.

Le contraste avec Brest est frappant. Bien plus petite, cette prison de trois étages est tout en pierres. Les murs, larges et épais, donnent un avant-goût de la disposition des cellules. Des pièces carrées, un peu écrasantes, dont la petite fenêtre rectangulaire est placée trop haut pour qu'on puisse voir dehors.

Je traverse la cour. Il n'y a que deux grilles avant d'atteindre le parloir des avocats. La pièce, étroite, est une sorte de box où tiennent difficilement deux chaises et une table. Si le cadre a changé, l'espace où se déroulent nos rencontres est, lui, toujours aussi réduit.

Francis Heaulme ne tarde pas à me rejoindre. Il porte son éternel survêtement mauve qu'il avait le jour de son arrestation. Il entame aussitôt la conversation, comme s'il m'attendait depuis longtemps.

— Ah, François, tu es venu. Ici, c'est moins bien qu'à Brest, il y a des étrangers et des pointeurs. J'aime pas ça, mais c'est plus facile pour ma sœur. C'est moins loin, on va pouvoir se voir plus souvent. Elle m'a dit qu'un grand avocat de Paris va me défendre gratuitement.

Puis, sur le ton de la confidence, tel un enfant qui a peur d'avoir fait une bêtise, il ajoute :

— Tu sais, j'ai pas tout dit à ceux de Bordeaux... Dans le gymnase, c'est moi qui ai attaché les mains du jeune. J'ai pris mon lacet de short. J'ai attrapé les deux mains, mais c'était trop court, ça n'a pas tenu. Le lacet est resté sur son poignet droit.

C'en est trop. Je ne veux pas encore me laisser enfermer dans son jeu de demi-vérités.

— Stop, Francis ! J'en ai assez de ton cinéma. Je sais qui tu es. Tu as eu largement le temps de leur dire tout ça à Brest. Parle normalement et arrête ça, sinon je repars. Pourquoi voulais-tu me voir ?

Heaulme paraît surpris et désemparé. Un instant, il semble se tasser sur lui-même. Déçu de m'avoir mis en colère, il s'excuse presque :

— Tu n'as qu'à leur dire de revenir. Je leur expliquerai. Tu sais, je ne me rappelle pas toujours tout. Je buvais et avec les médicaments j'avais mes crises.

C'est possible, mais je ne le crois pas. Je le lui dis.

— Très bien, tout le monde est capable de comprendre ça, tu n'avais qu'à le dire. Mais je pense que ça n'est pas tout.

Il me fixe maintenant avec froideur. Je continue :

— As-tu peur que l'on découvre ce que tu as fait ? C'est pourtant ce qui va arriver. Il vaudrait mieux que ça vienne de toi et non des enquêteurs.

Il est inquiet.

— Je sais que tu sais, dit-il comme il me l'avouait presque trois ans plus tôt. Mais je ne suis pas un sadique, François ! Je ne suis pas un sadique !

Il ajoute en élevant la voix :

— J'ai oublié ce que j'ai fait. Je ne veux plus en parler. Je te l'ai dit, sur la route j'étais un autre homme, j'étais malade, je buvais. C'est tout.

À aucun moment, il n'a exprimé ou, plus simplement, éprouvé du remords pour ses actes. Je le sens trop tendu pour insister sur ce point. En fait, j'ai bien peur qu'il ne le fasse jamais et qu'il faille encore chercher, au plus profond de lui-même, chaque pièce de son funeste puzzle.

Je reprends la conversation sur un registre plus léger.

— Est-ce qu'il te manque quelque chose ici, des vêtements ?

— Non, on m'en a proposé, mais je préfère les miens... La télé, c'est gratuit. Le directeur est passé me voir. Il m'a dit que je pouvais l'appeler en cas de problème.

— Il est sympa, ce directeur... Tu es seul en cellule ? Tu sors un peu ?

— Je suis seul, je préfère. Ici, il y a des jeunes qui ont tué des vieux, c'est dégueulasse. Faut pas que je les croise, alors je ne sors plus en promenade, j'aime pas les gars qui sont là. Je reste seul.

— Et avec les surveillants, ça va ?

Il me répond en riant :

— Ils m'appellent Monsieur Heaulme, comme un directeur.

Je souris.

— Quel prestige !... Francis, je suis à côté, à la gendarmerie. Je dois m'occuper des enquêteurs qui vont venir t'auditionner. Alors si tu pouvais leur parler normalement, ce serait bien. Ils peuvent tout entendre, ils ont l'habitude. Enfin, c'est toi qui vois... Si tu as besoin de me rencontrer, fais-le savoir. Maintenant, je vais devoir te laisser.

Il me regarde attentivement. Il semble regretter mon départ. Je me lève. Il me demande :

— Tu es venu de Rennes pour me voir ? Tu y retournes aujourd'hui ?

— Oui, je viens de Rennes, mais pas uniquement pour toi, j'ai aussi des choses à faire ici.

— Repasse avant de rentrer.

Chacun repart de son côté. Son comportement amical à mon égard me laisse perplexe. Je n'oublie pas pour autant qui il est et, surtout, ce qu'il est capable de faire... Il n'est pas question de pactiser avec lui. Chacun doit rester à sa place. C'est la seule attitude raisonnable possible. Il a d'ailleurs cessé de jouer lorsque je le lui ai demandé... La prochaine fois, peut-être se livrera-t-il sans retenue.

Un peu plus tard, je reçois à la section de recherches de Reims un message de Christophe. Il a peut-être une affaire qui pourrait m'intéresser.

Le 7 mai 1991, le corps d'une adolescente, Laurence, âgée de 14 ans, a été découvert dans un champ. C'était à Servigny-lès-Sainte-Barbe près de Metz. Encore un corps nu de femme, abandonné dans un champ, à quelques dizaines de mètres d'une route.

Metz est à deux heures de route. Je décide de partir le lendemain matin.

À mon arrivée, l'accueil des enquêteurs du groupe Homicides est plutôt froid. Ils ne comprennent pas ce que je viens fouiner chez eux. Leur affaire est le seul dossier d'homicide en cours.

Le plus sceptique est mon correspondant sur place, Pedro. Châtain aux yeux clairs, ce Messin pure souche n'a rien de méditerranéen si ce n'est son nom de famille. Une raison suffisante pour que ses collègues le surnomment Pedro... Cet adjudant d'une quarantaine d'années à l'allure volontaire ne croit pas un instant à la piste Francis Heaulme. Il affirme avoir vérifié son emploi du temps. Il est hors de cause. Mieux, il prétend avoir identifié l'assassin de la jeune Laurence. C'est un homme de la région.

Devant une assemblée polie, mais distraite, j'explique tout de même l'objet de mon détachement et me lance à nouveau dans une description du comportement de Francis Heaulme. Le désintérêt de Pedro et de ses coéquipiers est manifeste. En fait, je ne dois leur présence qu'au seul fait de dépendre de la direction générale de la gendarmerie. Je suis mal parti.

Pourtant, j'aimerais qu'ils m'écoutent. Francis Heaulme est originaire de Metz, c'est chez eux ! J'insiste un peu :

— Route de Vallières, cela vous dit quelque chose ? Un gitan assassiné à coups de couteau ?

Pedro jette un coup d'œil à son supérieur. Après un bref silence, il reprend :

— Route de Vallières ? C'est la route qu'a prise Laurence pour rentrer chez elle en scooter. Juste avant d'être enlevée.

Il s'interrompt. À son air, je comprends qu'il n'en dira pas plus.

— Ah ! au fait, j'ai tout de même répondu à tes demandes de renseignements sur Heaulme. Si tu veux prendre connaissance de mes notes, elles sont sur mon bureau. D'ailleurs, tu pourras en disposer cet après-midi, je ne serai pas là.

Fin de l'entretien.

Après le déjeuner, je m'installe devant une vraie table de travail avec enfin suffisamment d'espace. Un petit plaisir éphémère. Voilà bientôt un an que je n'ai pas remis les pieds à Rennes, mon port d'attache. Le bureau de Pedro me rappelle le mien.

Le dossier préparé par mon collègue n'est pas dénué d'intérêt. Entre 1981 et 1987, Francis Heaulme a sillonné la région de long en large. Je m'étonne surtout du nombre de ses hospitalisations, pas moins de quatre-vingts en cinq ans, aussi bien en CHR qu'en hôpital psychiatrique !

Je ne compte pas rester ici trop longtemps. J'étudierai ces notes à Rosny-sous-Bois. En attendant, je dois compulser l'impressionnante procédure concernant le crime de la jeune Laurence. Les documents ont beau être méthodiquement classés, je ne m'y retrouverai pas si je ne fais pas un tri drastique. Heureusement, Pedro a mis à ma disposition un répertoire informatisé.

Que faisait Francis Heaulme ce jour-là ? J'allume l'ordinateur... Heaulme, voilà, il a bien fait l'objet de vérifications.

Le document de deux pages daté du 24/01/92 indique :

> « Le 8 janvier 1992, nous apprenons par la SR de Strasbourg que le dénommé Heaulme Francis a été appréhendé pour meurtres... L'intéressé étant originaire de Metz, nous vérifions son emploi du temps durant la période du 7 au 9 mai 1991... »

Je poursuis. Plusieurs personnes ont été contactées par téléphone ; les bonnes sœurs du foyer où il a séjourné, les dirigeants de l'association d'insertion par le travail qui a tenté de s'occuper de lui, les membres d'un presbytère où il prenait des repas... Selon leurs témoignages, il se trouvait en Alsace à ce moment-là. Me serais-je complètement trompé ?

En y regardant de plus près, je constate pourtant que les dates indiquées sont en contradiction avec celles des hospitalisations que j'ai entre les mains. Je suis consterné. Visiblement, les gendarmes se sont trompés, mais le procès-verbal conclut :

> « Les investigations entreprises permettent de dire qu'il n'y a pas de rapport entre Heaulme Francis et l'affaire Laurence. »

Je n'arrive pas à y croire. Comment ont-ils pu tirer des conclusions pareilles sans vérifications sur place ?

Tout est à reprendre. Je range ces documents et ressors les constatations effectuées après la découverte du corps de la jeune fille. Les dépliants photographiques sont complets, un plan du site accompagne ces clichés. C'est parfait. Après deux heures d'étude, je n'ai plus de doute. Les similitudes avec les autres affaires sont trop précises pour être fortuites. L'extrême violence du crime : treize coups de couteau ciblés. Un savoir-faire évident, comme à Brest. L'auteur maîtrise sa victime : sur son corps, aucune autre marque n'est relevée. Ni hématomes ni bosses. Le meurtrier n'a pas eu besoin d'assommer ou d'entraver la jeune fille. Des traces de pneus de voiture sont retrouvées près du corps, mais Heaulme ne sait pas conduire. Il a donc eu au moins un complice...

Je ferme l'ordinateur et reclasse les dossiers. Lorsque Pedro rentre en fin de journée, je choisis de ne rien lui dire. Il n'est pas du genre à se laisser conseiller par un inconnu et il a une autre piste. Je n'ai d'ailleurs rien de concret. Malgré tout, je lui demande de me montrer les lieux du crime. Il accepte sans enthousiasme.

Le lendemain matin, je propose à Pedro de refaire le trajet de la jeune fille le jour du meurtre. Nous partons du centre-ville de Metz. Minute après minute, Pedro commence alors le récit des dernières heures de cette adolescente de 14 ans.

— Voici l'emplacement de la foire de Mai, une grande fête foraine. Laurence avait garé son scooter près du portique à l'entrée. Des copains de classe lui ont parlé. Elle devait rentrer pour 21 heures. Elle est partie par cette rue à ta gauche. La route de Vallières, la voilà. Elle mène directement chez elle, à Servigny-lès-Sainte-Barbe.

— D'accord... Il y a une question qui continue de m'ennuyer. Comment expliques-tu que Francis Heaulme m'en ait parlé ?

Il ne me répond pas. Je n'insiste pas. Tandis qu'il me conduit, je m'imprègne de l'atmosphère.

Tout s'est déroulé dans un rayon de dix kilomètres autour de Metz, à l'est de la ville. Servigny, le lieu de l'enlèvement... Vigy, la découverte du corps et des vêtements... Il faut bien connaître la région pour rejoindre de nuit ces deux villages. Le trajet est loin d'être en ligne directe. Il y a de nombreux carrefours à prendre. Les auteurs sont certainement du coin.

Les meurtriers ont manifestement tenté de faire croire à une fuite par l'autoroute de Nancy située au sud de

Metz. Le blouson de la victime avec sa carte d'identité, déposé tel un leurre bien en vue dans une station-service, n'a trompé personne. La petite route située derrière cette station permet de revenir sur Metz. Une stratégie enfantine qui contraste avec la maîtrise de l'enlèvement puis du meurtre.

J'éprouve un sentiment partagé devant ces contradictions. Cette logique déroutante pourrait bien être celle de Heaulme, mais les enquêteurs de Metz réfutent catégoriquement cette hypothèse. Une conduite qui ressemble à de l'aveuglement. J'ai parfois l'impression de passer mon temps à essayer de convaincre mes collègues de la dangerosité du personnage. En France, il n'y a pourtant pas suffisamment de crimes de cette nature pour balayer d'un revers de main la piste Heaulme. Et chaque fois que nous trouvons un meurtre en rapprochement, il n'est pas loin, comme par hasard.

Je rejoins Rosny-sous-Bois. Depuis mon départ, de nombreux renseignements se sont accumulés. 234 localisations précises de Francis Heaulme ont été recensées entre mars 1984 et décembre 1992.

Parallèlement, nous retenons 94 assassinats sur les 1 125 initiaux. Il va falloir opérer un nouveau tri, classer par priorité et contacter les enquêteurs. Nous passons plusieurs semaines à tout mettre en œuvre.

Un appel de Claude me change un peu les idées.

— J'ai reçu la visite de Pedro, de Metz. Il a examiné mon dossier. Il est allé vérifier l'emploi du temps de Francis Heaulme. Finalement, les enquêteurs messins s'étaient trompés. Pedro pense venir l'auditionner le 16 juin. Nous t'attendons.

À la date prévue, Pedro est à Reims, accompagné de son coéquipier. Dans la petite salle de réunion, nous faisons les présentations. Le chef de service prend la parole et s'adresse aux enquêteurs messins.

— Vous allez rencontrer un personnage peu banal, les mots pépins, accidents se transforment en meurtres, et les jeunes en enfants. Lorsqu'il dit qu'il n'est pas un sadique, c'est que l'agression sexuelle est grave. Notez tout ce qu'il peut vous dire. Cela peut nous être utile. Des questions ?

Glacial, Pedro répond :

— Non... Je voudrais vous dire quelque chose. Il y avait bien une erreur sur son emploi du temps, c'est vrai, mais cela n'en fait pas un suspect dans notre affaire. Nous avons une autre orientation. Enfin, nous allons jouer le jeu et noter tout ce qu'il dit, même si cela semble incohérent.

Claude, escorté d'un second gendarme, part chercher Francis à la maison d'arrêt. C'est tellement proche qu'ils y vont à pied. Pour ne pas troubler mes collègues de Metz, je ne participerai pas à cette audition.

Quelques instants plus tard, Francis Heaulme est là, menotté. Il est concentré, un peu nerveux.

— Ah, François ! Où sont les gendarmes de Metz ?

— Ils sont ici, je leur ai raconté ce que tu avais vu route de Vallières. Je vais te laisser avec eux. Tu leur expliqueras toi-même. On se verra après l'audition.

Tout en parlant, je le conduis dans la pièce où Pedro attend. En entrant, Heaulme lui demande :

— Vous êtes de Metz ? Moi, je suis de là-bas, ça fait plaisir de voir des Messins.

Je regarde Pedro, le relais est passé.

Claude se joint à eux. Je disparais dans la pièce voisine. J'entends parfaitement, comme si j'y étais. Le ton de Pedro est résolument direct et Francis Heaulme y répond de la même manière. Très vite, il évoque ses souvenirs, ses visions :

— Je me rappelle qu'un jour, courant 1984 ou 1985, j'effectuais un chantier avec d'autres ouvriers à Vallières... J'étais accompagné d'un jeune qui travaillait aussi dans cette entreprise... Il se nomme Mustapha Mohamed surnommé Le Moustache... À hauteur du foyer Sonacotra, j'ai remarqué la présence des ambulances, du SAMU et de la police. Je me suis approché et j'ai vu un homme étendu face contre terre. Il avait du sang dans le dos, sa chemise était tachée de sang. J'ai demandé à un badaud qui se trouvait là ce qu'il se passait. Il m'a répondu qu'il y avait eu des coups de couteau. Le lendemain, dans le journal *Le Républicain lorrain*, j'ai constaté que ce que j'avais vu la veille, c'était vrai... La victime était un gitan de Metz... Pour moi, lorsque je suis arrivé sur les lieux il était mort. J'ai vu les secours le déposer dans une housse en plastique.

Ce n'est manifestement pas possible. Le jour de la mort de ce gitan, il n'était pas là. Que signifie cette nouvelle version ? Elle est encore plus détaillée, et cette fois, il parle d'un autre homme, Mustapha. Il n'y a aucun rapport. Il en rajoute. Pourquoi ? Sans doute un personnage d'un autre scénario... Et les coups de couteau, le sang dans le dos, la chemise tachée... fait-il allusion au meurtre de Laurence ? C'est ce que je crois. Il pense manipuler Pedro et il se dévoile. Soudainement, il change de sujet :

— Pour vous aider dans votre travail, je me rappelle une affaire de meurtre... J'avais 13 ans. Un homme surnommé Bouboule, qui demeurait à Rozérieulles, a été retrouvé mort dans le ruisseau avec le crâne fracassé par des pierres... J'ai toujours pensé que c'était un crime, dont l'auteur est Marchal...

Mais qu'est-ce qu'il raconte ? Marchal est un de ses noms d'emprunt ! Pedro revient sur son affaire et Francis répond, toujours très appliqué.

— Comme je vous l'ai dit, je connais très bien la région... De plus, à l'âge de 26 ans, j'ai fait partie d'un club de cyclotourisme... J'ai roulé dans les environs de Metz, à savoir... Servigny-lès-Sainte-Barbe... Ennery... Pont-à-Mousson...

Je retrace ses parcours sur une carte et les liens apparaissent. Ennery est à un kilomètre du lieu de découverte du corps de Laurence, c'est l'accès à l'autoroute où ont été trouvés ses vêtements. Il connaît Servigny et la petite route de la station-service. Pedro ne s'y arrête pas. Il choisit de rester direct. Francis Heaulme s'y adapte sans difficulté.

— ... J'ai appris l'affaire de Laurence par l'intermédiaire de la télévision. Je me trouvais chez mon amie... Nous avons regardé le journal télévisé de 20 heures. J'ai appris qu'une jeune fille de 14 ans avait été étranglée à Metz... En fait, les faits se sont passés à Buchy, village se trouvant près de Sainte-Barbe...

Pedro relance la discussion, sans laisser de place pour ces petits blancs entre les mots, tellement lourds de sens. Il va trop vite. Heaulme poursuit :

— ... Cette jeune fille revenait de la foire de Mai en mobylette, le soir... On parlait du père qui avait retrouvé le cyclomoteur... Il était indiqué que cette jeune fille avait été suivie par une voiture... Une BMW, selon les témoignages de voisins du village de Buchy, dès le départ de la foire de Mai...

Après un silence de plusieurs secondes il ajoute :

— Je suis totalement étranger à l'assassinat de la jeune fille du nom de Laurence.

L'audition s'achève sans que nous puissions nous croiser, Francis Heaulme est reconduit à la maison d'arrêt. Chacun livre son sentiment sur cet entretien. Pedro commence :

— Il sera difficile d'aller plus loin avec lui, il a parlé de l'affaire parce qu'il a vu les infos. Ses allusions au gitan mort ne prouvent rien. C'est un malade, il dit n'importe quoi.

De son côté, Claude reste réservé.

— Il faudrait faire d'autres vérifications, dit-il.

Je l'appuie :

— Heaulme a montré qu'il connaissait les lieux. Il ne faut pas en rester là. On sait qu'il n'explique jamais rien clairement. La prochaine fois, pense à lui faire établir un croquis détaillé. Je crois qu'aujourd'hui, pour lui, c'était une sorte de prise de contact, une évaluation. Il va y penser, et la seconde audition sera différente.

Pedro repart contrarié, mais accepte le principe d'une seconde rencontre. Elle a lieu un mois plus tard, toujours à Reims. L'atmosphère est lourde de ressentiments. Pedro pense perdre son temps. Il ne croit toujours pas à la culpabilité éventuelle de Francis Heaulme dans son dossier. L'audition a tout de même lieu. Encore une fois, je n'y assiste pas.

Heaulme raconte :

— Je tiens à vous parler clairement... Le 7 mai 1991, je savais qu'à Metz il y avait la foire de Mai. J'ai pris le train le vendredi soir à Bischwiller. Il était 16 heures... Je ne sais plus à quelle heure je suis arrivé à Metz... J'ai rencontré un gars. Ensuite, vers 21 heures, ce gars m'a dit : « On va se payer une fille. »

Pedro enchaîne :

— Comment était cet homme ? Décrivez-le-moi...

— Il s'appelait Dominique. Je l'ai rencontré dans une buvette... C'est un homme d'une trentaine d'années, costaud, le nez allongé et une cicatrice à la joue droite... Il doit faire un mètre quatre-vingts... Il a une petite moustache. Il lui manque des cheveux sur une bonne partie de l'avant du crâne, mais sur les côtés et l'arrière du crâne ses cheveux tombent jusqu'aux épaules... Il est brun et violent... Je me suis même battu avec lui... pendant une cure...

Je suis sûr que la plupart de ces détails ne se raccordent pas au meurtre de la jeune Laurence. Francis tente de savoir si mon collègue est en mesure d'identifier cet homme sans lui. Il se protège. Pedro réagit. Il lui demande de faire un croquis.

— Je suis prêt à faire un croquis... Je vais indiquer où j'ai vu Laurence la première fois avec sa mobylette... Je porte également les détails sur la manière dont elle était habillée...

Cette fois tout correspond. C'est un bon début. Pedro essaye d'obtenir d'autres précisions. Mais Heaulme comprend ce que l'enquêteur recherche et rechigne. Il répond lentement, donne des descriptions insuffisantes. Les heures passent ainsi, sans vraiment plus de résultats. Il est 14 h 30 quand arrive la première pause. Je me rends dans la salle des enquêteurs tandis que Francis Heaulme reste dans le bureau où un sandwich lui est apporté.

Pedro arrive, excité.

— C'est lui, je suis sûr que c'est lui ! dit-il nerveusement.

Son coéquipier est un ancien de la section de recherches, il intervient :

— Reste calme, sois patient, tu n'es qu'au début de ton audition. Il te reste du temps.

Je lui propose alors :

— Demande-lui de décrire ce qu'a fait l'« autre » qui l'accompagnait, je pense qu'il va te parler.

Avant que l'audition ne reprenne, je vais voir Francis.

— Ça se passe bien ?

— François, ils sont de Metz, ça me fait plaisir de leur parler, répond-il détendu.

— Eh bien continue, je te verrai plus tard.

Il est en forme et absolument pas inquiet. À 16 heures, l'audition reprend. Les questions et les réponses sont de plus en plus longues, de plus en plus confuses.

Heaulme fatigue et mon collègue s'impatiente. Les heures s'écoulent lentement. Je commence également à trouver le temps long. Arrive une nouvelle version.

— ... À partir de ce moment tout ce que je vais dire est la vérité... En arrivant à la buvette, j'ai bousculé un jeune homme qui était accompagné de sa copine... qui se prénommait Laurence... Je me suis excusé et j'ai offert un verre... Nous avons bu ensemble. Peu après, la jeune fille, Laurence, a dit au jeune homme que j'avais bousculé : « Maintenant je dois rentrer, mon père m'attend pour 21 heures. » J'ai pensé tout de suite qu'il avait un lien familial avec Laurence... Il a dit : « On la suit. » Il avait une Renault 5 blanche...

Il décrit ensuite minutieusement l'enlèvement qui a lieu cette nuit-là. Il était aux environs de 23 heures.

— Elle (Laurence) était vêtue d'un pull blanc, d'un pantalon en jean et de chaussures basses à petits talons... Quand elle est partie, nous l'avons immédiatement suivie... La jeune fille passe devant le pont à côté de la foire, elle s'arrête au premier feu rouge... Elle redémarre, passe devant l'hôpital Le Gouest, puis devant des postes à essence situés avant le second feu rouge sur la droite... Elle se dirige tout droit puis prend à droite de la fourche et va vers le cimetière de l'Est... Après l'avoir suivie pendant plusieurs kilomètres, je pense quinze ou seize, Dominique a accéléré et accroché avec le pare-chocs avant droit l'arrière de la mobylette... La mobylette tombe sur le bas-côté et la jeune fille aussi tombe sur le dos... Avant de descendre de la voiture, Dominique me demande de prendre la lampe de poche dans la boîte à gants... J'ai vu la lampe rectangulaire en métal et de couleur jaune... C'est à ce moment-là que j'ai constaté la présence d'un couteau à cran d'arrêt... Je sors du véhicule, je me dirige vers la jeune fille qui est à un mètre de la voiture... Elle est couchée sur le dos... À mon arrivée, elle m'insulte... Elle a enlevé son casque, c'est à ce moment-là que je la gifle... Dominique me demande de l'aider à la monter à l'arrière de la voiture... J'ai refusé et il l'a mise lui-même...

Pedro demande :

— Et alors, ensuite, qu'avez-vous fait ?

Là encore, Heaulme va raconter très en détail l'agression. Il attribue le meurtre à son complice Dominique. Pedro demande :

— Vous dites que c'est Dominique qui est l'auteur du crime, mais vous savez comme moi que votre complice ne s'appelle pas Dominique et que tout ce que vous m'avez raconté sur l'homme qui vous accompagnait ce soir-là est faux, alors ?

Heaulme ne se démonte pas, mais il sait que cette fois la partie est jouée. Il finit par lâcher :

— J'ai eu un trou noir, énervé par ce qui venait de se passer. J'ai sorti mon couteau, un Opinel, pas un cran d'arrêt, et j'ai frappé Laurence...

Ça y est, c'est fini. Heaulme vient de reconnaître sa participation au meurtre. Les questions qui suivent ne font que revenir sur quelques points de détail. Le ton de Pedro a changé. Derrière la joie qu'il ne peut s'empêcher de manifester apparaît déjà une pointe de mépris à l'égard du suspect. Cette attitude me déplaît. D'autant qu'il n'y a pas trois heures il pestait contre le temps qu'il était en train de perdre.

Avant de rentrer à Metz, Pedro vient me saluer. Il me confie qui est le complice de Heaulme :

— Le jeune qui l'a accompagné, c'est Michel, le cousin de la victime, il a une R5 blanche. Tu avais raison. Je te tiens au courant pour la suite.

Que Pedro ait changé d'avis sur son dossier m'importe peu. Je reste encore sur l'impression que me laisse Francis Heaulme. Il continue de jouer avec nous. Il a certes dénoncé son complice, mais au prix de plusieurs mois de travail. Il ne change pas, il continue de vouloir nous dominer. Sans doute sa raison d'être, d'exister. Avec cette nouvelle affaire, un pan entier de sa personnalité est maintenant à explorer. J'ai hâte d'être en face de son complice. Quel genre d'homme peut bien avoir envie de suivre un individu comme Francis Heaulme dans sa folie meurtrière ?

10

La peur du précipice

Je ne pourrai finalement pas rencontrer Michel, le cousin de la jeune Laurence, le complice d'un soir de Francis Heaulme. Sans s'y être formellement opposé, Pedro s'est arrangé pour que je ne sois pas présent lors de l'audition. J'aurai juste droit à sa transcription lue en cour d'assises. Même sur papier, elle est bouleversante.

« Avec mon frère, nous avons fait le tour de la foire. Nous avons bu un coup, peut-être deux ou trois. À un certain moment, un individu s'est approché de nous et a discuté. Nous ne le connaissions pas avant, mais il nous a proposé de prendre un verre. Je me souviens que l'individu a offert un ou deux verres. Il me semble que Laurence a pris une boisson avec nous... Un peu plus tard, Laurence nous a dit qu'elle allait rentrer chez elle. Je lui ai demandé si elle ne voulait pas que je lui éclaire la route avec ma voiture... À ce moment-là, l'homme m'a demandé de m'accompagner. Nous l'avons suivie dans ma Renault 5 gris clair. On roulait cinquante mètres derrière... »

Le jeune homme identifie ensuite Francis Heaulme sur photo. L'audition se poursuit :

« En roulant, on discutait de tout et de rien, de moi-même, de Laurence. Il dit que c'est une fille bien foutue et qu'il se la ferait bien... Je lui dis que c'est vrai et que je lui ferais bien des choses, à savoir lui faire l'amour. Je n'avais jamais eu de relation avec une fille. Heaulme décide qu'on va la percuter. Je suis d'accord. Laurence tombe dans le fossé... Nous la forçons à monter dans la voiture. Heaulme l'a calmée d'une gifle. Nous avons roulé pendant dix minutes... J'ai pénétré dans un champ de terre. Elle n'arrêtait pas de m'engueuler et me traitait de fou... Heaulme tenait à la main un couteau à cran d'arrêt... »

Un couteau à cran d'arrêt... À la fin de son audition, Francis Heaulme avait bien pris soin d'indiquer qu'il avait un Opinel et non un couteau à cran d'arrêt. Personne ne le lui demandait. Changer ici ou là certains éléments de ses crimes, c'est bien dans sa manière de faire.

« Il m'a dit d'avoir des rapports sexuels avec ma cousine. Je ne voulais pas. Alors, il m'a menacé avec son couteau... Heaulme m'a repoussé et a pris Laurence avec lui... Il m'a dit : "Si tu tentes quelque chose, je la tuerai et je te tuerai après..." Il l'a entraînée plus loin. Je pense que Heaulme est resté dix minutes seul avec Laurence... J'étais dans mon coin, je l'entendais appeler au secours, je n'ai rien fait, je me suis mis à pleurer... Et puis il a dit : "De toute façon, c'est fini, ne cherche pas, ramasse les habits..." Nous avons laissé le corps sur place et nous sommes repartis. Je l'ai déposé près de la gare de Metz.

— Avez-vous d'autres choses à ajouter ?

— Oui, je voudrais dire que je ne suis pas un tueur, un criminel de sang et un assassin. La chose que je regrette ce soir-là, c'est d'avoir rencontré Heaulme, sans savoir ce dont il était capable... Pour ma part, je regrette d'avoir voulu m'amuser avec Laurence. Je n'ai pas voulu lui faire de mal. Ma cousine, c'était une fille très belle pour moi, je l'aimais et je l'aime encore. Je suis prêt à le prouver et à payer le mal que j'ai pu lui faire ce soir-là. Mais je répète que je ne me considère pas comme un assassin. »

Je n'avais jamais vu Heaulme aussi maître des événements. La facilité apparente avec laquelle il arrive à ses fins meurtrières est redoutable. C'est un prédateur. Dès l'instant où il les avait repérées, ses deux victimes avaient peu de chances de lui échapper. Il sait parfaitement percevoir les faiblesses des autres, comprendre les désirs cachés et les petits secrets de ses proies.

Dans cette affaire, il sait avant même de la rencontrer ce qu'il va faire subir à la jeune fille. Des heures durant, il a imaginé sa victime, son âge, sa silhouette, sa personnalité et la façon dont il allait la tuer. Lorsque par hasard il croise sa route, il sait d'emblée qu'il va pouvoir jouer sur les désirs refoulés de son cousin et le manœuvrer sans risque.

Heaulme est aussi un tueur opportuniste. Il ressasse ses rêves de meurtre pendant des jours, mais ce sont les circonstances qui déterminent ses passages à l'acte. Les personnes qu'il croise, réduites à de simples objets, les lieux et l'ambiance ne sont que les éléments du décor, mais il n'en oubliera aucun détail. Ils sont autant de supports pour revivre intérieurement ses crimes, se repasser le film de ces scènes morbides et enrichir ses fantasmes. Tout n'est pourtant pas prévu dans sa manière d'opérer. Où et quand va-t-il commettre son meurtre ? Les circonstances vont lui fournir les opportunités. Il sera toujours temps de s'adapter... Ainsi laisse-t-il une place non négligeable à l'« improvisation ». Francis Heaulme modifie ses scénarios selon le comportement des victimes, leur résistance ou encore l'atmosphère du moment.

Le cousin de la jeune Laurence est plus qu'un simple spectateur de sa « toute-puissance ». Heaulme place le jeune homme dans le rôle d'un véritable partenaire, l'outil vivant grâce auquel il espère assouvir sa sexualité. Sa frustration sexuelle est sans doute au centre de son cheminement criminel.

D'audition en audition, les contacts avec Francis Heaulme deviennent de plus en plus directs. Nous sommes maintenant de vieilles connaissances. Au cours d'une banale visite au détenu, cette proximité a failli me jouer un des plus mauvais tours de ma carrière. Nous sommes en mai 1993. Cet après-midi-là, le temps est magnifique. Le soleil claque dans un ciel bleu étincelant. L'ambiance est très printanière. Mon collègue de Reims a besoin de réaliser de nouvelles photos anthropométriques de Francis Heaulme.

— Puisque tu es là, viens avec moi à la maison d'arrêt, me propose-t-il. Je dois extraire Heaulme pour des photos. Il y en a pour une petite heure.

J'acquiesce et, un peu plus tard, nous nous rendons à pied à la prison. Conséquence du beau temps ou de l'absence d'enjeu, nous sommes détendus. Trop peut-être. Les formalités de sortie ne durent que quelques minutes. Rapidement nous nous retrouvons, Claude, Francis Heaulme et moi, dans la rue.

— Moi, je fais mes promenades à l'extérieur ! clame fièrement Francis Heaulme en regardant se fermer la porte de la prison.

Il est ravi de se retrouver ainsi dehors, presque libre. Nous ne prenons pas la peine de lui mettre les menottes. Nous sommes deux, armés, et n'avons qu'une centaine de mètres à faire. D'autant qu'Heaulme se sent bien. Il a d'ailleurs récemment expliqué au psychologue de l'établissement qu'il était « heureux » dans cette prison. Les gardiens l'appellent maintenant par son prénom, le directeur lui a même déclaré qu'il était « de la famille ».

Nous empruntons le trottoir, puis longeons le mur jusqu'à la gendarmerie. Quelques dizaines de mètres plus loin, nous entrons dans nos bureaux. Les clichés sont rapidement réalisés. Pour nous faire patienter, Claude nous offre une boisson qu'il apporte de la salle des enquêteurs. Francis Heaulme nous regarde, songeur, comme s'il était encore dans ses rêves. Soudain, il sort de sa torpeur et dit :

— Un jour, entre Dunkerque et Cherbourg, j'ai étranglé un arbre. J'ai serré, il est devenu mou. C'était un jeune. Je l'ai laissé dans les herbes folles, près d'une route, à douze kilomètres de la mer. C'était en 1989.

Il s'arrête net. En reposant ma boîte de Coca, je lui demande :

— Francis, tu veux bien me répéter cette histoire ? Mais, s'il te plaît, essaye de te rappeler les choses « normalement ».

— Non, François, je ne me rappelle que de ça.

Le questionner maintenant ne sert à rien. Son itinéraire pour l'année 1989 est précisément reconstitué. Cette année-là, il n'est pas allé dans le nord de la France. Il va falloir chercher en sens inverse. Chez lui, c'est devenu une pratique habituelle. Nous l'avons compris.

Francis Heaulme nous livre sa nouvelle énigme, sur un ton cette fois plus incisif. Il nous observe d'un air sérieux, mais sans inquiétude. Son attitude nous prouve une fois de plus qu'il sait parfaitement où il va. Nous ne faisons aucun commentaire, cassant ainsi l'effet de sa révélation. Il n'aura pas le plaisir d'observer nos réactions. Finalement nous copions son comportement.

Au moment de le reconduire à la maison d'arrêt, Claude est appelé par ses collègues. Une autre affaire à traiter en urgence. Je lui propose de ramener Heaulme. Ainsi, nous repartons tous les deux dans cette rue peu fréquentée. Sur le trottoir, Francis Heaulme se tourne vers moi en souriant et dit :

— Je pourrais me sauver, là, maintenant...

— Je suis sûr que tu cours moins vite que mes balles.

Je lui montre mon arme sous ma veste.

Voulait-il faire de l'humour ? Mais peut-on simplement parler d'humour avec Francis Heaulme ? La rue est vide et la chaleur nous rappelle l'été. Au loin, pourtant, arrive une jeune fille en vélo. Elle porte une robe légère, fleurie, flottant au vent. Un vrai cliché... Nous sommes devant l'entrée de la prison. J'actionne la sonnerie et me place dans le champ de la petite caméra.

Francis Heaulme est juste à mes côtés, presque contre moi.

— Alors, tu partages maintenant ta cellule avec quelqu'un, ce n'est pas trop difficile d'être à deux ?

Il ne me répond pas. Sans quitter l'objectif de la caméra, je repose ma question. Toujours pas de réaction. Son silence m'inquiète, je me tourne vers lui. Un masque grimaçant déforme à nouveau son visage. Ce rictus effrayant est l'expression même de la violence. Son teint est pâle. Son regard vif et perçant est posé sur cette jeune fille qui vient vers nous. Les mâchoires contractées, il prend de grandes inspirations. Ses poings sont serrés. Je lui crie :

— Oh ! Francis ! Réveille-toi ! Calme-toi ! Reste tranquille !

Je l'empoigne solidement à deux mains par le col de sa veste et le plaque contre le mur. Il n'est plus là, il est dans son monde, je dois le ramener sur terre. Je le secoue. Il ne bouge pas. La jeune fille passe sans se rendre compte de rien. Sans esquisser le moindre geste, il me répond de sa voix saccadée :

— Ça va, ça va, ne crains rien.

Il continue de fixer la cycliste. Tout à coup, il se tourne vers moi, affichant un sourire malade :

— François, comment peux-tu résister à ça ?

Il braque à nouveau son regard vers la jeune fille. Le temps que met la porte à s'ouvrir me paraît interminable. D'un coup sec, je pousse Heaulme contre l'angle de la porte et l'oblige à me regarder droit dans les yeux. Son visage s'apaise lentement. La porte s'ouvre enfin. Il entre comme si de rien n'était.

Je reste à l'entrée et le regarde filer sans un mot. Je m'en veux. Mon comportement n'a pas été à la hauteur. Je l'ai placé exactement dans les conditions du passage à l'acte, dans une situation qu'il affectionne. La jeune fille paraissait fragile, il n'y avait personne dans la rue. J'ai oublié qui il était. Il a senti que j'avais confiance et que ma vigilance s'était affaiblie. Son instinct a aussitôt refait surface. La vulnérabilité des autres, c'est ça qui le fait agir. Par chance, je n'étais pas assez faible à ses yeux pour qu'il aille jusqu'au bout. Je me jure de ne jamais laisser une telle situation se reproduire.

Je repense à deux phrases que j'ai lues dans les dernières expertises psychologiques : « Francis Heaulme montre une forte tendance à l'impulsivité, ensuite, après avoir montré qu'il comprenait la consigne, il l'oublie peu à peu pour la remplacer par ses propres règles... La seule loi qu'il suit est la loi du plus fort. »

Il connaît nos règles, mais préfère son monde. Sa place n'est-elle pas plus en établissement psychiatrique qu'en maison d'arrêt ? Arrivé à la SR, j'appelle Christophe à Rosny-sous-Bois.

— Peux-tu lancer une recherche sur la découverte d'un corps, en 1989, à une quinzaine de kilomètres de la mer quelque part en France, peut-être entre Dunkerque et Cherbourg ? Demande à Éric de contacter tous les services entre ces deux points. Il peut s'y rendre.

Christophe est rodé à ce type de demande. Surtout depuis qu'il a assisté à une audition de Francis Heaulme. Il a vu le personnage épuiser les enquêteurs et s'amuser en évoquant ses visions. Il préfère travailler à distance, dans le calme de son bureau.

— Je t'appelle dès que j'ai trouvé quelque chose. Ah, au fait ! Je t'envoie tout de suite l'itinéraire de Heaulme. Ça y est, je crois qu'on arrive au bout, tu vas voir.

Effectivement, le document que je reçois est très abouti. Nous avons maintenant repéré Heaulme dans quatre cents endroits différents. Des communautés, des hôpitaux psychiatriques, des petits hôtels, des campings, etc., autant de lieux où il a séjourné un certain temps. D'un autre côté, les meurtres dont il pourrait potentiellement être l'auteur se sont réduits à une cinquantaine. Le puzzle prend forme. Il faudra vérifier chaque pièce une à une avant de se forger la moindre certitude.

Durant trois ans, Heaulme s'est amusé à disséminer les multiples éléments de ses différents meurtres tout au long des entretiens qu'il a eus. Toute la difficulté a été de recoller ces morceaux de vérité et de trouver à quel crime chacun appartenait. Après des mois de travail, c'est maintenant chose faite. Nous disposons aujourd'hui d'un outil efficace pour traduire ses propos. Une véritable grille de lecture du personnage. Francis Heaulme peut transposer autant qu'il le désire, nous avons les moyens de tout remettre à sa véritable place. Qu'importe alors la cohésion de ce qu'il avance et la vraisemblance de ses histoires réinventées, l'essentiel est de conserver chaque détail de ses récits.

Je suis naturellement très sollicité. À Reims, les auditions de Francis Heaulme s'enchaînent. Les mises en examen aussi. D'une ville à l'autre, d'un service de police à une section de gendarmerie, je poursuis malgré tout ma tâche. En cette fin d'année 1993, la liste de ses victimes ne cesse de s'allonger.

Lyonelle, Pont-à-Mousson, 1984

Ce meurtre est la copie conforme de celui de la jeune Laurence, mais sept ans plus tôt. L'affaire remonte à 1984. Le corps de Lyonelle, une jeune auto-stoppeuse de 17 ans, est découvert dans un bois à Montauville, près de Pont-à-Mousson. La jeune femme a été étranglée et poignardée. Elle est retrouvée nue. Ses vêtements ont été abandonnés sur des kilomètres par le ou les agresseurs. Différents éléments relevés par les enquêteurs laissent penser qu'ils sont bien deux.

Interrogé par les enquêteurs saisis du dossier, Francis Heaulme raconte les faits :

— J'ai rencontré un gars. Le gars m'a appelé Francis et m'a invité à boire un coup au café Bel Air à côté. Lorsque le gars a pris en stop la fille, près de la cabine téléphonique située près de la boulangerie à Pont-à-Mousson, cela m'a gêné. Pour moi, c'était comme une pute. Elle était sexy dans ses collants noirs. Elle est montée dans la voiture à l'arrière, puisque j'étais à côté du chauffeur. Je me souviens de son sac qui était en forme de croissant... Elle m'a serré la main et j'ai vu qu'elle avait des bagues à tous les doigts, je l'ai senti aussi.

Un peu plus loin dans l'audition, il ajoute :

— En fait, c'est vrai qu'il m'a demandé de lui passer le couteau. C'est pas moi qui ai tué la gosse. C'est l'autre cinglé. J'ai paniqué, je lui ai lancé le couteau. Je le lui ai en fait donné dans la main. Mais ce n'est pas moi qui l'ai tuée... Après les faits, c'est moi qui suis sorti pour aller mettre le pull bleu contre un arbre dans la forêt du côté d'Atton. C'est le gars qui a eu l'idée d'aller jeter les affaires dans un autre endroit... Mais c'est moi qui ai trouvé l'endroit parce que je connaissais le secteur à cause de mes circuits en vélo.

Francis Heaulme ne donnera pas le nom de son complice. Il faudra encore deux mois de patience aux policiers de Nancy pour reconstituer le puzzle avec mon aide. Le « gars » en question est finalement identifié. Il vit dans le sud de la France, il s'appelle Joseph et il est boulanger. À l'époque des faits, il travaillait avec Heaulme à la Lorraine T. P., une entreprise de travaux publics de Meurthe-et-Moselle. Il a le même profil que le cousin de la jeune Laurence : un garçon un peu paumé et surtout influençable, qu'il est aisé de manipuler. Lui aussi va se laisser entraîner dans une histoire dont il n'avait pas mesuré toute l'horreur. Son audition redistribue les rôles.

Le 13 avril 1994, Francis Heaulme est mis en examen et sera condamné, ainsi que son complice, pour meurtre.

Germaine et Christiane, 1988, Charleville-Mézières

Germaine, une femme de 86 ans, est retrouvée poignardée chez elle, dans sa cuisine. Elle porte encore son imperméable. Elle revenait du marché, à deux pas de son quartier. Son cabas est rempli des fruits et légumes qu'elle avait achetés. À quelques mètres d'elle, dans le couloir, repose Christiane, sa voisine, elle aussi poignardée. À ses heures, elle jouait le rôle d'aide-ménagère. Le petit pavillon, coincé au fond d'une impasse, a été fouillé à la hâte.

Francis Heaulme est le suspect numéro un. Il y a quelques années, à Montluçon, il a été arrêté après avoir violenté une personne âgée. La femme avait 80 ans et revenait de ses courses. Par chance, Montluçon est la cité des élèves gendarmes qui viennent apprendre leur métier à l'École de formation des sous-officiers. Ils sont nombreux à se promener en ville et un groupe d'entre eux a été témoin de l'agression de Francis Heaulme. Pris en flagrant délit, il sera condamné à six mois de prison ferme. Ce jour-là, sa victime s'en est sortie sans plus de dommages.

Après plusieurs auditions de mes collègues de Reims, Francis Heaulme est mis en examen le 18 octobre 1993. Le procès n'a toujours pas eu lieu. Il est donc, à ce stade, présumé innocent.

Janciane, Namur, janvier 1989

L'itinéraire meurtrier de Francis Heaulme nous mène jusqu'en Belgique, à Namur, la capitale de la Wallonie, une ville tranquille des Ardennes belges dont l'emblème, l'escargot, symbolise le calme. La police locale est en charge de l'enlèvement d'une fillette de 12 ans. Rien ne dit que Francis Heaulme ait participé au crime, mais dans une audition il a décrit sans raison cette ville avec précision. Avec cet homme, aucune piste n'est à négliger, le passé nous l'a suffisamment démontré, d'autant que l'inspecteur belge saisi de l'enlèvement travaille sur une seconde affaire. Un meurtre, cette fois, qui a bouleversé les habitants de Namur. Celui d'une jeune fille de 16 ans, morte étranglée et jetée à l'eau. Son corps, torse nu, sera découvert au bord de la rivière qui traverse la région.

Une délégation belge est attendue à Reims. L'inspecteur de Namur ne possède qu'une commission rogatoire internationale. Par conséquent, l'affaire de l'adolescente assassinée ne pourra pas être évoquée.

L'audition se déroule au SRPJ. Accompagné d'Ange-Marie, je présente les enquêteurs étrangers à Francis Heaulme. L'accent belge lui plaît. Il répond volontiers aux questions d'usage, presque trop rapidement. J'ai l'impression que ma présence le stimule. Il en fait la remarque :

— Pourquoi vous ne demandez pas à François ce que j'ai fait, il sait tout. Il me parle de la ville et je me rappelle ensuite.

— C'est vrai, Francis, tu as tendance à te souvenir plus vite des choses quand je suis là. Je me demande bien pourquoi.

Il a très bien saisi mon allusion, ma présence restreint son espace de manipulation. Il ne peut plus revenir sur les affaires que je connais. Très calmement, il continue son récit. Il décrit la ville, confirme s'y être rendu avec un ami « qui a d'ailleurs dragué une fille dans un square ». Les enquêteurs belges n'ont pas assez d'éléments pour soutenir ou contredire ses explications. Francis Heaulme l'a compris depuis longtemps.

Ils évoquent le quartier où la fillette a disparu, mais cela ne l'intéresse pas. L'audition s'éternise, s'enlise. Je tente d'aider les policiers belges. Je demande à Heaulme les raisons qui l'ont poussé à nous parler précédemment de Namur, mais c'est sans effet. Il se joue de nous. Il serait préférable d'arrêter l'audition.

Subitement, Francis Heaulme change de sujet. Il parle d'un de ses amis, prénommé Raymond, à qui il a offert son Opinel. Le lendemain, prétend-il, son ami l'a utilisé pour tuer une jeune fille à Blainville-sur-l'Eau. Il a été arrêté. Encore un message ? Francis Heaulme est en démonstration. Que cache cette provocation ? Il n'a manifestement rien à voir avec l'enlèvement de la fillette. Les inspecteurs belges décident d'en finir. Avant de partir, ils lui posent une dernière question, en ces termes :

— Nous allons vous poser une terrible question, à savoir : comment feriez-vous pour tuer une petite fille ?

Francis Heaulme se tourne vers moi, amusé. Qu'est-ce qui peut être « terrible » ? semble-t-il vouloir me dire. Après un long silence, il déclare :

— À Namur ? Je l'étranglerais comme un maniaque. Comme un maniaque, je jetterais le corps à l'eau.

La réponse de Francis Heaulme nous laisse sans voix. Il voulait visiblement parler d'autre chose. Nous sommes persuadés qu'il s'agit de l'affaire de la jeune fille dans la rivière. Sans commission rogatoire, mes collègues sont obligés de s'en tenir là. Ils repartent certains de connaître l'identité du meurtrier qu'ils cherchent, mais résolument incapables de le prouver. Heaulme ne reviendra jamais sur cette histoire.

Malgré les soupçons qui pèsent sur lui, aucune mise en examen ne sera jamais ordonnée.

Après vérifications, un fait continue à me troubler, encore aujourd'hui. Le fameux Raymond à qui Heaulme offre son couteau existe bien. Il a même été condamné en 1990 pour le meurtre d'une jeune fille, à Blainville-sur-l'Eau, comme nous l'annonçait Francis. À un détail près, le tueur du Moulin Blanc était là, la veille du crime, inscrit en toutes lettres sur les registres de la communauté Emmaüs de la ville.

Joris, Port-Grimaud, avril 1989

Le jeune que Francis Heaulme a « laissé dans les herbes folles » s'appelait Joris. Un enfant de 9 ans d'origine flamande, enlevé sur un camping de Port-Grimaud en avril 1989. Après Brest, c'est la quatrième mise en examen pour des meurtres commis entre les mois d'avril et août 1989.

Joris est kidnappé vers 17 h 30, le 5 avril 1989. Ses vêtements sont rapidement retrouvés sous un pont en direction de Fréjus. Son corps entièrement nu a été découvert dix-sept jours plus tard. L'enfant reposait sur un tapis de fougères, légèrement en retrait de la route, derrière une citerne de lutte contre les feux de forêt, bien à l'abri des regards.

Il n'a pas été tué à cet endroit, mais seulement déposé. Ce coin est perdu. Plus isolé encore que dans les meurtres précédents. Il est mort étranglé, mais son corps présentait des traces de piqûres que l'autopsie n'a pas pu définir.

En dehors du mode opératoire, les indices de départ sont loin de désigner Francis Heaulme. D'une part, les vêtements du petit Joris retrouvés sous le pont ne peuvent avoir été lancés que d'une voiture. D'autre part, le jour de l'enlèvement, il a un alibi : il séjourne au centre psychiatrique de la Fontonne, à Antibes, à quatre-vingts kilomètres du camping. Néanmoins, des réservations de mobile homes pour des séjours thérapeutiques ont été faites par le centre psychiatrique.

Par ailleurs, dans le registre du centre, une infirmière mentionne un fait très intéressant, daté du jour de la disparition de l'enfant. La scène rapportée concerne l'arrivée en soirée de Francis Heaulme. On peut lire : « Patient est arrivé seul, état d'angoisse : "+ + +". Il refuse d'aller voir la télé et dit avoir tué quelqu'un à Port-Antibes. »

Malheureusement, le personnel de l'hôpital ne cherchera pas à creuser la question. Le lendemain, tout le monde a lu la presse, mais comme personne n'a été retrouvé mort dans le port d'Antibes, l'affaire est classée. Mieux, on lui offre un billet de train pour rentrer à Metz.

Difficile de comprendre pourquoi aucun membre du centre ne s'est manifesté quand le corps du jeune garçon a été découvert une quinzaine de jours plus tard. Des auditions ont été entreprises, plusieurs personnes ont été mises en garde à vue, mais chacun s'est retranché derrière le secret médical. Le juge d'instruction chargé du meurtre n'a rien pu y faire.

Selon toute vraisemblance, Heaulme a un complice.

Il donne aux enquêteurs de la section de recherches d'Aix-en-Provence sa vision des faits :

— Je me souviens que l'arbre était devenu mou. J'ai étranglé quelque chose qui est devenu quelqu'un, mais je ne me souviens plus où. Je ne me rappelle plus. Je sais seulement que c'était en 1989. Je ne me rappelle plus, mais je vais m'expliquer. J'ai eu une crise, j'ai serré un arbre, et je voyais une ombre, une personne devant moi, j'ai vu rouge, mais je ne sais pas quelle personne j'ai tuée. Mais la personne était devant moi, je ne sais pas si c'était un homme ou une femme, je sais que je voyais la mer, il y avait une petite route avec des arbres, je ne me rappelle plus du lieu... J'étais dans le Midi, c'est-à-dire entre Marseille et Nice... Quand je me suis réveillé, je serrais un arbre dans mes mains. J'ai eu ma crise, c'était silencieux et l'arbre est tombé. Quand l'arbre est tombé, il est devenu un humain. Je ne l'ai pas touché, je suis parti.

Plus tard dans l'interrogatoire, il précise :

— Je suis parti avec un autre malade du centre, je sais qu'il avait un bouc... On est allés dans l'épicerie acheter de la bière... Ensuite on a été boire plus loin, il y avait une personne qui nous jetait des pierres, mon collègue est allé le trouver, et il s'est battu avec. Je suis intervenu et j'ai serré à la gorge. Il s'est effondré...

Plus tard encore :

— Je vais maintenant vous dire la vérité... Je suis sorti avec un infirmier... Nous nous sommes assis sur les rochers. Je buvais de la bière et nous bavardions. Tout d'un coup, on voit un jeune qui arrive. Je ne sais pas d'où il est sorti, mais il se met à nous jeter des pierres et à nous insulter. Il avait un accent. Je n'ai pas compris les paroles qu'il nous disait.

La victime est un jeune Belge s'exprimant uniquement en flamand.

— Je sais que l'autre a frappé le gamin avec quelque chose qu'il avait dans la main, il a frappé partout, sur la tête et sur tout le corps. J'ai essayé de m'interposer, et c'est là que j'ai serré un arbre... Il a déshabillé le gamin... Je lui ai dit : « Ne déshabille pas le gosse, on va penser à un viol. » Moi je ne touche pas les gosses, je n'aime pas les homosexuels, pour moi le sexe, ce n'est rien. La seule chose qui compte c'est le travail, d'ailleurs je suis impuissant... Après, il a lancé les vêtements à une dizaine de mètres de la voiture...

Légalement, cette audition ne contient rien de tangible. Aucune preuve. À force d'être entendu, Francis Heaulme s'est également adapté aux techniques d'interrogatoire. Il lit dans les questions des enquêteurs, tel un malfaiteur chevronné. Je conseille cependant à mes collègues d'Aix-en-Provence de poursuivre. Je crois qu'ils sont près d'aboutir.

Malheureusement, les auditions qui suivent se terminent dans la confusion. À plusieurs reprises, Francis Heaulme livre des noms de complices qu'il s'empresse aussitôt de changer. Les premiers éléments solides qu'il concède sont trois croquis. L'un situe le camping où l'enfant a été enlevé, les autres les lieux du crime et l'endroit où le corps a été découvert. C'est pourtant encore insuffisant. Les noms confiés par Heaulme finissent par embrouiller les enquêteurs. Ma stratégie de tout noter montre ses limites.

Un autre élément vient aussi bouleverser la donne. La presse rend publics les soupçons qui pèsent sur lui. En prison, il est alors fréquemment menacé. Les tueurs d'enfants sont honnis par les détenus. Très vite, il se ferme et refuse de parler. Son défenseur parisien, maître Pierre Gonzalez de Gaspard, parle maintenant de manipulation policière sans précédent. Il estime que son client « s'auto-accuse car il ne sait pas résister à la pression d'une garde à vue ». Les lacunes de certains dossiers, parfois maigres en éléments, n'arrangent pas les choses.

Dès lors, Heaulme se rétracte systématiquement. Son défenseur abonde en son sens. Lorsqu'il a tué seul, nous arrivons vite à des impasses. Les mises en examen successives ne produisent qu'un effet : la médiatisation. Le statut de criminel en série plaît à Francis Heaulme. Ses exploits avérés et potentiels lui valent les honneurs de la presse. Plus que jamais, il se joue de nous.

Rapidement, la situation bascule. En moins de quinze jours, le climat se détériore. Les gens doutent. À la SR de Rennes, le colonel F. a été remplacé. Son successeur est loin de m'être inconnu. C'est l'ancien commandant de la compagnie de Brest, l'homme qui en 1989 refusait de croire à l'hypothèse Francis Heaulme dans le meurtre du Moulin Blanc... Dès son arrivée, il m'a solennellement convoqué pour me faire savoir qu'il ferait tout pour que je quitte son service. Il n'apprécie pas ma façon de travailler. De superbes journées en perspective...

Parallèlement, à Paris, l'officier à l'origine de la mise en place de la cellule Heaulme est lui aussi remplacé. Devant la pression médiatique qui s'accentue, son supérieur, un colonel, me convoque à son tour. Accompagné d'un coéquipier, je me présente à la direction générale. Nous sommes conduits par un gendarme à l'étage des VIP. Nous empruntons un tapis rouge impeccable. Je ne sais que penser. L'homme qui nous reçoit est le chef du bureau de police judiciaire de la gendarmerie, c'est un personnage important. L'accueil est faussement cordial :

— Entrez, installez-vous, depuis le temps que j'entends parler de vous.

Ne pas annoncer l'objet d'un rendez-vous... Ça n'est pas forcément bon signe. Je m'assois. Le colonel poursuit :

— Prenez-vous un café ?

Aussitôt, un capitaine, sorti de nulle part, arrive avec quatre tasses de café. Étonnant, que veut-il ?

— Sachez, chef Abgrall, que nous sommes tous ici très satisfaits de votre travail, si, vraiment. Toutefois, il faut savoir jusqu'où on peut aller. Vous avez vu les médias : Heaulme se rétracte, est-il réellement l'auteur de ces meurtres ? Que va-t-il se passer lorsqu'il passera aux assises ? Si jamais il est acquitté, cela mettra la gendarmerie en difficulté, comprenez-vous ?

Je lui réponds :

— Le dossier du Moulin Blanc n'est pas discutable, il n'y a rien à craindre. Heaulme est bien impliqué sur les affaires où il a été mis en examen, c'est le rôle de la défense de dire l'inverse.

— Peut-être, mais on ne sait jamais. La gendarmerie va mettre un terme à cette cellule. D'ailleurs, officiellement, nous ne vous avons jamais détaché. Notre entretien n'existe pas. Si vous êtes mis en examen, pensez à prendre un conseil.

Un reniement sans concession. C'est pour moi impensable. Je regarde mon coéquipier et nous prenons congé. Alors que nous regagnons la sortie, je lui dis :

— Rassure-moi, tu as bien entendu la même chose que moi ? C'est mission impossible, ici. C'est fini !

Quelques jours plus tard, à Rennes, mon nouveau chef m'intime l'ordre de poursuivre l'aide à la section d'Aix-en-Provence, quitte à participer à l'audition.

— C'est impossible, il n'y a plus de cellule, d'ailleurs elle n'a jamais existé paraît-il. Au fait, Francis Heaulme a été transféré là-bas et je ne suis pas compétent pour l'auditionner.

Je sais que, sur place, l'équipe éprouve de sérieuses difficultés sur ce dossier, mais je veux montrer ma réprobation. De plus, préparer les enquêteurs est une tâche autrement différente que celle d'auditionner. Chacun a ses approches et cette fois le risque est grand, compte tenu de l'absence de soutien. S'il me fournit des aveux circonstanciés sans que son complice soit identifié, j'aurai droit à toutes les critiques. Je n'ai pas non plus envie d'être le fusible.

Mon refus tiendra quelques jours, le temps pour la direction générale de rédiger mon affectation provisoire à la section d'Aix-en-Provence. Il n'y a maintenant plus d'obstacle juridique pour que j'entende en personne Francis Heaulme. La juge d'instruction du tribunal de grande instance de Draguignan ignore ces manœuvres. Elle trouve la solution intéressante et souhaite mon concours direct sur son dossier.

Le 13 décembre 1993 à 14 h 30, dans les bureaux de la brigade de Draguignan, mon correspondant aixois, Francis Heaulme et moi mettons rapidement un terme à cette affaire.

En moins de deux heures, le meurtrier de Joris nous donne tous les détails de son crime, l'objet qu'il a utilisé comme arme, un petit tournevis. Nous l'ignorions. En revanche, il refuse une fois de plus de livrer son complice. C'est sans appel. Malgré tout, nous conservons une piste sérieuse. L'identité du complice ne nous est pas inconnue, mais nous n'avons aucune preuve. Il faudra encore chercher.

Le même jour, Francis Heaulme est mis en examen, l'affaire est officiellement close. À ma grande surprise, la cellule est maintenue encore six mois. Le temps de permettre aux dernières équipes de venir entendre le tueur. Parmi elles, la section de recherches de Lille, qui attendait son tour depuis plusieurs mois. Cette fois, la victime est un homme, Jean, dont le corps est découvert début 1992 sur une plage de Boulogne-sur-Mer. Ce crime a été commis le week-end précédant l'interpellation de Heaulme en Alsace.

À ma stupéfaction, je l'entends raconter aux enquêteurs :

— François m'avait dit qu'il allait revenir et m'arrêter. Alors, je suis allé voir la mer, à Boulogne-sur-Mer... Et j'ai tué un homme. C'est un accident, il voulait mourir.

« Je suis allé voir la mer... » Une phrase lancée il y a près de deux ans, le jour où je l'ai arrêté... L'annonce d'un meurtre, commis en m'attendant. Je me souviens parfaitement de ce moment, de la fixité de son regard, de mon incompréhension. Rétrospectivement, j'en ai froid dans le dos.

Depuis, l'histoire a été reconstituée. Jean, 65 ans, à la retraite, est un homme qui souffre de la mort prématurée de sa femme. Il ne s'en est jamais remis. Comme un dernier hommage, il décide de partir en voyage sur les traces de son passé. Il souhaite retourner au Touquet où, avec sa femme, il a vécu ses plus belles vacances. Habitant dans la Somme, il prend le train du soir à Amiens. Nous sommes le vendredi 4 janvier 1992. Malheureusement, l'homme s'endort et se réveille au terminus, à Boulogne-sur-Mer. Aucun moyen de faire demi-tour avant le lendemain. Démoralisé, il déambule le long de la grève, ne sachant que faire, quand il rencontre Francis Heaulme, venu voir la mer... Très vite, celui que je vais arrêter trois jours plus tard remarque le désarroi de Jean. Ils parlent ensemble, le veuf se livre, lui décrit sa femme et la difficulté de vivre son absence. Ils marchent comme cela un bon moment, jusque sur la plage. Arrivés au bout, loin de tout regard, Heaulme le tue.

En ce mois de mai 1994, Francis Heaulme est déjà mis en examen dans huit affaires. La liste des faits en rapprochement comporte encore de nombreux meurtres correspondant aux rêves du tueur. Aussi, malgré la fin annoncée de la cellule, j'effectue un dernier tour de France où je remets l'itinéraire de Francis Heaulme aux différents services intéressés. Je tente encore une fois d'expliquer l'étrangeté de son comportement et la complexité de sa personnalité. Certains m'écoutent, d'autres pas. Je n'ai plus le temps de convaincre. Aujourd'hui, je sais que la plupart de ces crimes ont fini aux oubliettes.

Troisième partie

Une histoire inachevée

11

Premier procès

Ce début de mois de janvier 1994 est rythmé par les conférences de presse de maître Pierre Gonzalez de Gaspard. L'avocat de Francis Heaulme ne cesse de marteler dans les médias que son client n'a pas tué Aline. Pas plus qu'il n'a commis d'autres crimes. Ces déclarations répétées finissent par porter leurs fruits. À la veille du premier procès qui se déroule à Quimper, Heaulme est décrit dans la plupart des articles comme un simple « routard déboussolé ». Ses propos sont repris régulièrement. Ils me mettent en cause. Il n'est pas rare de lire alors que « le gendarme Abgrall m'a forcé à parler, il m'a mis à bout de nerfs » ou alors : « J'ai pris confiance et je me suis trouvé dans un engrenage. »

Compte tenu du peu de soutien dont je bénéficie, je reste vigilant devant la tournure des événements, même si j'ai conscience qu'il s'agit là d'une stratégie de défense. Le plus inquiétant est ailleurs. À l'aube de l'ouverture de la session d'assises, le Gaulois, l'homme clé, seul témoin du crime d'Aline, est à nouveau introuvable. L'avocat de Francis Heaulme le sait et laisse maintenant entendre que son client, qui nie sa participation au meurtre, a un alibi. Aux yeux de la justice, l'absence du Gaulois s'apparente à une fuite. Un délit passible d'emprisonnement. Dans ces conditions, l'idée d'aller affronter Pierre Gonzalez de Gaspard à la barre m'angoisse un peu, d'autant qu'il m'est interdit d'évoquer les autres affaires pour expliquer la personnalité du tueur. Seule l'enquête du Moulin Blanc pourra être exposée au procès.

28 janvier 1994, 9 heures. La salle des pas perdus du modeste Palais de justice de Quimper est envahie. Jurés potentiels, témoins, experts, proches de la victime, de Francis Heaulme, ou encore simples badauds se mêlent en silence. Déjà de nombreux journalistes, caméras ou micros en main, cherchent l'interview intéressante.

Tous attendent l'ouverture des deux grandes portes de la salle d'audience, mais elles resteront closes. Un nouveau passage a spécialement été aménagé afin de réguler le flux des allées et venues dans l'enceinte. Chacun va être soumis au détecteur de métaux. Ces dispositions inhabituelles et cette médiatisation augmentent mon appréhension. L'idée de traverser le hall en uniforme ne me dit rien. J'ai besoin de sérénité, l'enjeu est trop important. Discrètement, je passe par une entrée latérale du Palais de justice, réservée aux détenus. Avec Éric, de la BR de Brest, également cité à comparaître, nous attendons dans un couloir que la salle des pas perdus se vide.

Soudain, Francis Heaulme arrive, escorté par quatre policiers. Son entrée est rapide et il passe près de nous les mains liées, tiré par une chaîne de conduite solidement tenue par un gardien de la paix. Il me lance tout en avançant :

— Ah, bonjour François ! C'est pas moi. C'est pas moi pour Brest !

Je le regarde partir dans la petite pièce réservée à l'accusé en me disant que ce jugement va décidément être difficile. Je commence à ressentir la pression. Le moment venu, nous entrons dans la salle d'audience sans nous faire remarquer. Elle est pleine à craquer. Plantés au plafond, très haut, des néons diffusent un éclairage intemporel. Sur un mur latéral, des petites fenêtres donnent sur un couloir de l'étage. Derrière chaque vitre, des visages se collent. Sur les banquettes de bois, des réservations ont été étiquetées pour les familles, la presse et quelques privilégiés. Les autres restent debout, entassés derrière la rambarde de la dernière rangée de bancs. Un dispositif policier important a été déployé. Le filtrage mis en œuvre a laissé quelques curieux à l'extérieur faute de place. Ce début de procès a tout d'un spectacle.

Tout à coup, une sonnerie retentit. L'huissier annonce l'entrée de la cour. L'assemblée se lève. Deux femmes magistrats entourent le président vêtu d'une robe rouge. L'avocat général suit, légèrement à l'écart. Tout le monde se rassoit, le silence s'installe. Le président lance au micro : « Faites entrer l'accusé ! » Francis Heaulme, menotté et sous bonne garde, traverse la salle dans toute sa largeur pour atteindre l'endroit qui lui est réservé. Dans le box, les entraves lui sont retirées. Les flashes et les caméras se mettent en action. Rapidement, le président fait cesser les prises de vue, des journalistes repartent déjà.

L'huissier commence l'appel des jurés puis, dans la foulée, le tirage au sort s'effectue. En fonction de l'âge, du sexe, de la profession, les statistiques tendent à montrer que certaines compositions de jury sont plus favorables à la défense ou à l'accusation. L'avocat général et Pierre Gonzalez de Gaspard se livrent un instant au jeu subtil de la récusation. Le tirage au sort débute. Les personnes citées par l'huissier traversent une à une la salle d'audience sous les regards. Sans comprendre, certaines sont frappées par un cinglant « Récusé ! ». Le jury se compose finalement de six femmes et de trois hommes.

Suit l'appel des témoins. Le nom du Gaulois reste sans réponse. Le président ordonne qu'il soit immédiatement recherché. Lorsque je signale ma présence, la salle se retourne d'un même mouvement. Quelques murmures résonnent un instant. Je n'arrive pas à en saisir le sens.

L'appel se poursuit. Seulement huit témoins seront finalement entendus : les trois experts, psychiatres et psychologues, pour la personnalité de l'accusé ; le médecin légiste pour évoquer les causes de la mort ; le Gaulois ; Éric et moi pour l'accusation et Christine, la sœur de l'accusé, pour le curriculum vitae. Pour un procès d'assises, c'est très peu. Les autres témoignages recueillis en procédure seront en fait lus par le président au fil de l'audience. Maître Gonzalez de Gaspard intervient alors. Très solennellement, il dit :

— Monsieur le président, Francis Heaulme mérite plus que deux jours de procès. Il ne comparaît ici que pour l'affaire de Brest, or chacun ne voit en lui qu'un serial killer. Les jurés sont influencés, la présence de la presse en est la preuve. Je réclame un peu de sérénité. Pour cette raison, je demande instamment le renvoi du procès.

L'avocat remet aussitôt ses conclusions écrites au président. Un murmure parcourt la salle. Première intervention, première interruption d'audience. Pierre Gonzalez de Gaspard a réussi son entrée. Après quelques minutes de délibéré, le procès est tout de même maintenu. Le président indique aux témoins leur ordre de passage. Éric et moi sommes attendus pour le lendemain à 14 heures. Sans attendre la fin de l'audience, nous quittons la salle. Les témoins cités à comparaître ne peuvent assister aux débats même s'ils sont publics. Rapidement, nous sortons du Palais de justice, direction la BR de Quimper, où plusieurs de nos collègues suivent le procès à la radio. Ils nous préviennent que l'avocat de

Heaulme affirme que son client a reconnu les faits sous la pression policière. Leurs petits signes d'encouragement manifestent plutôt le soulagement qu'ils ressentent de ne pas être à nos places. L'un d'eux m'amène, sourire en coin, un message de mon nouveau commandant de section de recherches : « Chef de corps et commandant SR Rennes assisteront procès cour assises Quimper – réserver places devant. » Comme au spectacle... Il ne manquait plus que cela. Qu'ils se débrouillent !

Pendant ce temps, la confrontation de Francis Heaulme et des experts a débuté. Certains collègues assistent au procès. À l'issue du verdict, ils m'ont fidèlement retranscrit les débats. Le psychiatre est le premier à prendre la parole. Il déclare :

— Malgré son air un peu demeuré, Francis Heaulme a une intelligence normale... Il n'est pas dément au sens de l'article 64 du code pénal... L'alcool le met en situation de toute-puissance. Il s'identifie à son père destructeur, terrifiant.

L'interprétation des taches d'encre du test de Rorschach est reprise et l'expert souligne la fascination avec laquelle Francis Heaulme les décrit : « Ça coule, c'est rouge, ça sent, ça vit. » Enfin, non sans une certaine ironie, il évoque la « malchance » du destin de l'accusé, quand Francis Heaulme dit de lui-même : « Partout où je passe, il y a des meurtres. »

Les deux autres médecins décrivent son profond malaise face à la sexualité. L'un d'eux déclare :

— Tout ce qui concerne le corps accroît son sentiment d'insécurité et provoque des défenses plus ou moins agressives en même temps que le désir.

— Que pouvez-vous dire concernant la « vision » du meurtre de l'accusé ? demande le président aux experts.

— Elle relève plutôt d'une stratégie de défense, répondent-ils.

Conclusions des experts : Heaulme a conscience de ses actes, il n'est pas dément, mais il est dangereux et, compte tenu de sa personnalité, il peut tout à fait être l'auteur du meurtre. Le président se tourne ensuite vers l'accusé et lui propose de prendre la parole. Après un bref silence, Francis Heaulme s'adresse au psychiatre.

— J'ai deux questions : Est-ce que je suis fou ? Est-ce que je suis dangereux ?

Légèrement interloqué, le médecin indique qu'il vient juste de répondre à ces questions. Pierre Gonzalez de Gaspard en profite pour rebondir :

— Vous voyez bien que mon client n'a pas toute sa tête. Il est facile de constater que quelque chose ne va pas chez Francis Heaulme. Tout indique que cet homme ne perçoit pas la réalité du monde qui l'entoure.

Peine perdue. Cette fois, l'avocat du tueur du Moulin Blanc ne réussit pas à contrecarrer l'effet du témoignage des psychologues. Dans la salle, personne ne semble croire à l'irresponsabilité du meurtrier présumé.

L'audience de l'après-midi est consacrée à l'étude de la personnalité de l'accusé. Pendant plusieurs heures, Francis Heaulme répond au feu des questions du président. À l'issue, le contraste avec la matinée est saisissant. En chœur, la presse reprend ses déclarations à la barre. L'homme sait tromper son monde. Dans de nombreux articles, les journalistes s'interrogent.

> « Francis Heaulme récite son chaos d'une voix douce. Il est précis et déférent. Il a raconté sa vie, les coups, le deuil, l'errance et l'alcool, mais a nié ensuite le meurtre d'Aline. Une énigme devant les juges. »

Ou encore :

> « Heaulme, un homme plus pathétique qu'inquiétant. Annoncé comme le “tueur en série à la française”, Francis Heaulme pourrait ne faire qu'un

passage éclair dans la légende des criminels de cette fin de siècle. »

En cette fin de journée, l'absence du Gaulois m'apparaît de plus en plus tragique car Francis Heaulme et son défenseur sont en passe de renverser la vapeur. Dans ma chambre d'hôtel, je relis en détail les archives de l'enquête du Moulin Blanc. Même si je n'ai plus rien à y apprendre, cela m'occupe.

Le lendemain matin, je retourne patienter à la BR de Quimper. Les collègues qui sont allés assister au procès m'apprennent que mes supérieurs se sont installés sur la banquette près de la famille de la victime.

Cette matinée est consacrée à l'audition de Christine, la sœur de l'accusé. Elle évoque la misère de leur vie familiale, la mort de leur mère, les difficultés qu'ils ont rencontrées en raison de cette absence. Christine Heaulme est émouvante, car leur parcours a été réellement difficile. Elle ne peut se retenir de pleurer, certains jurés l'accompagnent. C'est le moment choisi par la défense pour intervenir. Dès la fin de ce témoignage, Francis Heaulme insiste pour affirmer son innocence. Le président entreprend alors un interrogatoire sur le fond, et souligne, par exemple, l'exactitude du croquis.

— C'était une imagination, réplique Heaulme, c'est par hasard si mon croquis est pareil à la scène du crime... J'étais à l'hôpital de Quimper le dimanche 14 mai 1989, je ne l'ai pas quitté. Je ne suis pas concerné par ce crime. J'ai raconté une vision que j'avais eue le samedi 13 mai sur la plage du meurtre. J'avais pris du Tranxène 50 avec un litre de bière et, endormi, j'ai vu un homme blond frapper une femme avec un couteau... J'ai lu le récit du meurtre dans le journal... Quand j'ai parlé, c'était pour faire plaisir au gendarme Abgrall. Il m'hypnotise !

L'avocat souligne la faiblesse psychologique de son client :

— Il ne peut résister à la pression d'une garde à vue, c'est un affabulateur, un mythomane...

Il enchaîne, soulignant que les enquêteurs avaient suggéré à Francis Heaulme les éléments du dossier, peut-être même inconsciemment, au travers des questions qu'ils lui posaient. Le ton monte, le climat change. Il est 12 h 30 lorsque mes collègues de la BR de Quimper rentrent. Aussitôt, ils nous font part de l'ambiance au procès.

— L'avocat de Heaulme vous met en cause, il parle du « diable Abgrall », explique l'un d'eux. D'ailleurs, ça a tiré tellement fort sur vous que vos chefs sont discrètement repartis à Rennes.

Il va sans dire qu'au moment de déjeuner je n'ai plus très faim. Je commence à avoir hâte d'aller m'expliquer, l'attente devient insupportable.

À 13 h 45, lorsque nous arrivons au tribunal, une foule, encore plus dense que la veille, patiente dans le hall. Plus impressionnant encore, la salle d'audience est déjà bondée. Nous entrons directement dans le box des témoins. Cette fois, nous y sommes. Un policier en faction veille à ce que nous restions sur place, sans communiquer avec l'extérieur.

Le local est petit, mais pour Éric et moi, c'est largement suffisant. Nous ne savons plus où en sont les débats, nous attendons et les minutes passent lentement. Nous ne parlons pas, sans l'avouer nous sommes tendus. De temps à autre, le policier nous laisse pour suivre le procès quelques instants. Il ne cesse d'aller et venir, et chaque fois qu'il ouvre la porte, je m'attends à ce que l'huissier m'appelle à témoigner. Deux heures s'écoulent ainsi. Le gardien de la paix revient tout d'un coup et demande :

— Abgrall, c'est qui ?

Surpris, je lui réponds :

— C'est moi !

— Oh là là, fait-il en secouant la main droite, ça chauffe !

Puis il repart rapidement. Je regarde Éric, étonné. Survient une suspension de l'audience. Dix minutes passent et la porte s'ouvre brusquement sur le Gaulois, en anorak bleu. La surprise est totale, mais je suis soulagé. Le policier reprend sa place, nous n'avons pas le droit de nous parler. Le Gaulois s'adresse à lui et tente, inquiet, d'expliquer son absence.

— J'étais à l'Emmaüs de Château-Gontier quand un copain qui regardait la télé m'a dit que l'on me recherchait. Nous avons appelé la gendarmerie, et me voilà ici. Mais je n'ai rien fait, moi !

Moins de cinq minutes plus tard, il est conduit par l'huissier devant la cour. La presse décrit la suite. À sa vue, Francis Heaulme ne réagit pas. Le Gaulois, lui, est visiblement très mal à l'aise.

— Connaissez-vous l'accusé ? lui demande le président.

— Oui, répond le Gaulois.

— Et la victime ?

— Je la connaissais aussi.

Commence alors un interrogatoire difficile. Le témoin comprend mal les questions. Il semble avoir peur, murmure ses réponses.

— Heaulme, je l'ai rencontré sur la plage. J'étais sur les rochers. Il a vu cette fille. Il est allé vers elle, et c'est là que je suis parti prendre le train.

Au fil des questions, le témoin devient plus précis.

— Je m'étais installé depuis plusieurs jours sur la plage et j'avais remarqué Aline qui se faisait bronzer près des rochers. Quant à Heaulme, je l'avais rencontré dans la communauté Emmaüs proche. Le dimanche, Heaulme est arrivé vers moi, il était saoul. Je lui ai dit que ce n'était pas la peine d'aller emmerder la fille. Il est allé vers elle et il l'a prise par la gorge. Ça je l'ai vu en regardant derrière moi. Heaulme était énervé, ça se voyait dans ses yeux. Je suis parti, j'avais peur qu'il me fasse pareil.

Le président rappelle que Francis Heaulme a dit aux gendarmes que le témoin avait assisté à toute la scène, mais le Gaulois affirme être parti à cet instant. Maître Gonzalez de Gaspard intervient et évoque la non-assistance à personne en danger. Le témoin répond avoir la conscience tranquille, même s'il est vrai qu'il n'a pas fait le nécessaire en alertant les gendarmes. Heaulme se lève et intervient à son tour :

— Je ne connais pas cet homme, je ne l'ai jamais vu avant.

L'avocat général prend la parole :

— Mais pourquoi êtes-vous allé lui serrer la main le jour de la reconstitution ?

Heaulme répond :

— C'était pour faire plaisir à François Abgrall.

Le témoin est alors laissé libre de se retirer. Cette fois, l'huissier m'ouvre la porte. Dans le couloir, je croise le Gaulois et le policier qui l'escorte. Il m'adresse un sourire, me tend la main et me dit : « Vas-y mon copain ! » Au passage, il me glisse dans la paume un minuscule calendrier de la communauté Emmaüs. Sur le coup, je n'ai pas le temps de m'arrêter sur ce geste et sa signification. Je réalise plus tard qu'en fait il vient de m'offrir sa seule richesse, sa carte de visite, symbole de sa respectabilité.

Je pénètre dans la salle. L'entrée des témoins fait face au box de l'accusé. Francis Heaulme est devant moi, nos regards se croisent et il ne répond pas au discret bonjour que je lui adresse. Il règne un silence absolu, je n'entends que le bruit de mes pas sur le parquet. J'ai l'impression que le temps s'est arrêté.

Le président me demande de faire ma déposition. Je me lance et lentement je commence à exposer l'enquête, les orientations suivies et les raisons de leur élimination. Puis la similitude d'alibi entre ce meurtre et celui de Courthézon, près d'Avignon, qui a confirmé mes soupçons. Enfin, je décris longuement le comportement de Francis Heaulme lors de ses auditions. Je reproduis le geste impressionnant de la prise du cou de la victime tel qu'il l'a montré à Strasbourg. Je rappelle que le médecin légiste l'avait souligné à l'époque. Le président sollicite quelques précisions. J'évoque alors le croquis et la spontanéité des aveux.

Quelques instants plus tard, c'est au tour de l'avocat Pierre Gonzalez de Gaspard de m'interroger :

— Avez-vous, monsieur Abgrall, et c'est très important, avez-vous tutoyé mon client lors de ses auditions ?

Je réponds par l'affirmative au président, comme il est de règle. L'avocat exulte et s'adresse aux jurés :

— Vous avez entendu, ce gendarme a tutoyé Francis Heaulme durant la totalité des interrogatoires. Lui qui ne supporte pas la pression, comme l'ont expliqué les psychiatres, cet affabulateur qui s'auto-accuse de crimes qu'il n'a pas commis, cet être influençable. Quel crédit accorder à ses aveux ?

Étonné par la violence de cette réaction, je ne peux m'empêcher d'y répondre :

— C'est Francis Heaulme qui m'a tutoyé le premier, demandez-lui.

Sans même y avoir été convié, Francis Heaulme prend la parole et confirme, mais son défenseur insiste :

— Monsieur Abgrall, vous êtes un homme qui inspire la sympathie. Tout dans votre attitude le démontre. Je reste persuadé que les aveux de mon client ont été obtenus par la confiance et la gentillesse. Ne pourrait-on pas appeler cela de l'abus psychologique ?

— Vous savez, s'il avait seulement fallu le tutoyer et être gentil avec lui pour sortir toutes les affaires qui le concernent, je n'aurais pas mis trois ans et nous n'en serions pas là aujourd'hui.

Finalement, nous en resterons là.

Ma déposition terminée, je décide de rester sur place pour suivre l'audience. Le témoignage d'Éric, le dernier, est rapide et confirme le comportement de l'accusé. Je suis pourtant inquiet. Les assauts répétés de l'avocat ont troublé l'esprit des jurés. Je le sens. Rien n'est gagné.

Suivent les plaidoiries. L'avocat de Francis Heaulme tente de minimiser l'impact du témoignage du Gaulois et de semer habilement le doute dans les esprits en inversant les rôles. Selon lui, Heaulme ne peut pas avoir tué puisqu'il était à l'hôpital. S'il raconte le crime du Moulin Blanc avec autant de détails, c'est que quelqu'un le lui a raconté. Sans doute l'auteur du crime lui-même. Heaulme n'étant pas sur les lieux, reste une seule personne qui a reconnu être près de la victime au moment des faits : le Gaulois. Cette démonstration bien orchestrée fait son effet. Dans la salle, le doute se lit alors sur de nombreux visages. Pendant quelques instants, j'imagine le pire : l'acquittement de Francis Heaulme.

La cour et les jurés se retirent. Une heure trente plus tard, la salle se remplit à nouveau. Verdict : vingt ans de réclusion. La peine n'est pas maximale, mais justice est faite. Le condamné ne manifeste aucune réaction. Le regard vide, il ne laisse rien percevoir, comme rentré au plus profond de lui-même, sans doute dans cet univers peuplé de rêves morbides où il n'est plus cet être mal-aimé et rejeté du monde réel.

Quoi qu'il en soit, le meurtrier d'Aline n'est pas près de faire de nouvelles victimes, d'autant que se préparent déjà de nouveaux procès. Sans doute d'autres condamnations en perspective. Je suis soulagé, l'itinéraire meurtrier de Francis Heaulme s'arrête définitivement ici, à Quimper. C'est du moins ce que je crois.

12

La dernière visite

8 juin 1994. Ce jour revêt un caractère bien particulier dans ma mémoire. Après avoir traqué le meurtrier d'Aline pendant des mois, l'avoir questionné, entendu et tenté de le décrypter tout au long de ces cinq ans, il m'a été demandé de mettre un terme à mon enquête. Cet après-midi est donc le dernier que je passerai avec Francis Heaulme. Une ultime visite, entre déception et soulagement. Déçu parce que contraint d'abandonner mes investigations sur les crimes de cet homme, soulagé aussi tant ont parfois été pesantes ces années dans le sillage du tueur.

Comme d'habitude, nous nous retrouvons dans l'étroit box du parloir de la maison d'arrêt de Reims où nous avons le plus grand mal à trouver une place. La poignée de main éclair que je lui impose produit toujours le même effet. Les contacts physiques, chez certains psychotiques, s'apparentent à une agression de leur personne. Pourtant, c'est une espèce de jeu entre nous. Dès son entrée, visiblement préoccupé, il se lance dans un flot de paroles :

— Mercredi, je monte tranquillement les escaliers, un Arabe, il a été transféré, il m'a cassé une chaise sur la tête. J'ai rien du tout. Ensuite, il m'a foutu des coups de pied dans la colonne vertébrale. C'était tout bleu un moment. Les gardiens sont venus tout de suite pour nous séparer. J'avais ma montre, le bracelet a pété.

— Pourquoi a-t-il fait ça ?

— À cause du petit Joris...

Voilà donc son problème. Je ne suis pas venu pour l'écouter s'épancher sur ses difficultés personnelles, mais pour lui signifier mon départ définitif. Je sais bien que nous nous croiserons à nouveau lors des prochains procès, mais nous serons loin de l'intimité de nos petites conversations.

— Écoute, je termine mes enquêtes, ça va être très difficile pour moi de venir te voir.

— Là, c'est les vacances ?

— Non, c'est pas cela, je ne pourrai plus venir te voir.

Il ne m'écoute pas et me parle de la dernière visite de sa sœur qui va bientôt participer à une émission de télévision. Il ne change pas, toujours ailleurs, dans ses pensées. C'est peut-être le moment de rebondir.

— Francis, est-ce que tu as raconté à ta sœur tout ce que tu avais fait ?

Après un silence, il dit :

— Je lui ai raconté la moitié...

— Pourquoi tu ne lui dis pas ?

— Non !

— Elle le saura.

— Elle le sait déjà, elle le sait, par les journaux elle le sait !

— Je ne sais pas ce que tu cherches, Francis, mais tu vas sûrement avoir encore des ennuis aux procès, et tu risques de prendre des peines de prison plus importantes parce que tu mens. Enfin, c'est toi qui vois, mais à ta place, je dirais : Voilà, j'ai fait ça avec telle ou telle personne.

— Qu'est-ce que c'est l'article 122 ? me lance-t-il.

Le 122 et pas un autre... Ce n'est pas un hasard. Cet article du code pénal traite de l'irresponsabilité pénale, totale ou partielle. Par conséquent, son application peut, dans certains cas, conduire l'auteur d'un crime à séjourner en milieu psychiatrique adapté, plutôt qu'en maison d'arrêt. Je sais où il veut en venir. Il est lucide. Les psychiatres l'ont considéré responsable de ses actes devant la loi. Cela l'a définitivement placé en détention. Je préfère alors ne pas répondre à sa question.

Je laisse le silence s'installer, il s'éternise, puis Francis Heaulme reprend la parole. Il évoque le meurtre de Pont-à-Mousson, celui de Lyonelle, retrouvée morte au beau milieu d'un champ, en 1984. Cela ne m'intéresse plus. Il l'a déjà détaillé avec les enquêteurs du SRPJ de Nancy. J'ai envie de lui dire que son comportement est aujourd'hui connu de tous, qu'il gagnerait peut-être à changer d'attitude, à cesser ce jeu stérile du chat et de la souris.

Cette affaire de Pont-à-Mousson, présentée comme son premier passage à l'acte, est marquée d'un savoir-faire malheureusement certain. Nous sommes quelques-uns à l'avoir remarqué. Ce n'est pas le premier crime de Heaulme. Bientôt, d'autres services viendront l'entendre. Je tente de le lui faire comprendre.

— Je te le dis franchement, Francis, il y a plein d'histoires encore qui ont été trouvées, où on ne t'a pas interrogé, tu le sais bien.

— Bien, tu m'interroges, non ?

— Oui, et tu vas encore faire tes trucs. Pourquoi tu ne dis pas tout ?

— Je ne sais pas... Je n'ai pas le courage.

Avant même de poser ces questions, j'imaginais ces réponses. Francis Heaulme ne s'ouvrira jamais, c'est évident. Mais cela me fait plaisir de lui parler sans qu'il y ait d'enjeu, de tension. Nous continuons notre conversation, qui invariablement revient sur ces crimes. Il ne se relâche jamais. Il m'explique en détail ce qu'il n'a pas dit en garde à vue et se rétracte sur d'autres affaires où il a donné de nombreuses preuves de sa participation aux enquêteurs. Il cherche encore à convaincre, sans doute lui le premier. Je me demande s'il se rend bien compte de ses incohérences. En tout cas, il sait exactement quand il peut adopter ce type de comportement : lorsqu'il se trouve hors cadre. Hors du cadre d'une garde à vue, au moment où tout peut être dit sans risque. C'est devenu un réflexe chez lui. Il continue son monologue.

— Je sais que de la prison, j'en ferai pas. Je ferai un centre « spycatrique »... C'est ça qu'il me faut.

Je reste silencieux, mais je crois qu'il a raison. C'est pourtant trop tard. Les experts en ont décidé autrement. La psychiatrie ne peut rien pour lui, a déclaré l'un d'eux à la barre de la cour d'assises du Finistère. Avant de rentrer sur Rennes, avant d'en finir, j'aimerais évoquer la réelle motivation de ses passages à l'acte. Malgré tout ce que je connais du personnage, je n'ai toujours pas réussi à percer ce secret.

— Tu sais pourquoi tu commets ces crimes, tu as une idée ?

— C'est à cause de l'alcool et de mes visions. Mais depuis le nouveau traitement que je prends, ça va mieux.

— Et tu te rappelles de tous les meurtres ?

— C'est enfoui dans ma tête.

— Des fois tu les revois ?

— Ouais.

— Et ça te fait quoi ?

— Rien, rien.

— Et les meurtres ont tous été rapides ?

— Ouais... Je ne me rappelle plus.

— Et les gens essayaient de s'enfuir tout le temps ?

— Ouais !

— Est-ce qu'il y en a que tu as raté ?

— Raté ? Quelquefois, ouais, plusieurs.

— Lesquels t'as ratés ?

— Des gars... comme ça.

— Quand est-ce que tu as commencé à avoir tes problèmes ?

— Quand on a... En 1984... J'étais dans la voiture.

Il revient encore sur le meurtre de Lyonelle. Encore une fois, il pense utile de me préciser qu'il n'était que le témoin de l'assassinat de cette jeune fille.

— Avant 1984, tu as eu des problèmes ?

— Avant ? Non, je travaillais.

Je ne le crois pas et le lui dis. Je lui conseille de parler à son avocat. De tout dire. Même si des faits doivent rester secrets, que quelqu'un ait connaissance du problème. Francis Heaulme reste hermétique à mes propos. Même après cinq années, il paraît impossible de briser cette glace qui l'entoure. Il revient sur le jugement de Quimper, souhaite que ce procès soit cassé. Il pense toujours pouvoir être interné en milieu psychiatrique. Je reprends :

— Il faut que je retourne en Bretagne, je vais rester un peu chez moi. Tu m'as fait courir, tu as fait de la route, hein ?

— C'est fini ça. C'est l'alcool, ajoute-t-il, fataliste. Comme je l'ai expliqué aux « spycatres », c'est l'alcool, c'est les dégâts, dit-il en parlant des crimes.

— Est-ce qu'une fois tu as raconté à quelqu'un tout ce que tu as fait ?

— Non. Je garde tout sur moi.

— Et ton copain Raymond ?

Le prénommé Raymond a été condamné pour le meurtre d'une jeune fille qui rentrait à pied d'une fête à Blainville-sur-l'Eau en 1990. Raymond séjournait à la communauté Emmaüs de la ville que Francis Heaulme avait quittée la veille du meurtre. La veille, comme à Brest. Le tueur reprend la dernière phrase de son ami :

— Raymond m'a dit : « Si tu pars, je fais une connerie ! » Et il l'a fait... Je n'y suis pour rien.

Ensuite, sans raison, Francis Heaulme change de sujet. Il m'explique, très convaincu, comment il s'est entretenu avec le père de la jeune Laurence, tuée à Metz.

— C'était au cours de la reconstitution. Je me suis approché de lui. Je lui ai tout expliqué. Comment sa fille était morte, par accident.

Je sais qu'il me ment, que tout ce qu'il dit est faux. Il n'a jamais parlé à cet homme, mais je le laisse dire. Je l'observe encore. Il me récite en fait la version qu'il a servie quelques semaines plus tôt aux enquêteurs. Il ne peut s'empêcher de se présenter comme celui grâce à qui la vérité est faite, le gentil de l'histoire, et non comme l'auteur de toutes ces horreurs. Cette façon de détourner la conversation indique que l'on s'approche trop près du cœur du problème. Comme je n'interviens pas, il poursuit. Maintenant, il me donne des explications extrêmement précises sur ce qui s'est déroulé dans le gymnase de Périgueux, là où a été assassiné le jeune appelé. Il me décrit comme il ne l'avait jamais fait les détails de la mort de la victime. Dans sa perversité, il sait que c'est sans risque. Je le laisse parler sans retenue avant de lui demander :

— Est-ce que, dans les pépins que tu as eus, il y a plus de femmes ou d'hommes ?

— D'hommes !

Après un silence, je demande :

— Il y a plus d'hommes ?

— Ouais.

— T'as vu, pour l'instant, il n'y en a qu'un... Ils sont où les autres ?

Francis Heaulme réalise ce qu'il vient de me dire. Il me fixe froidement et répond :

— Je ne me rappelle plus.

Il revient aussitôt sur l'agression dont il a été victime en maison d'arrêt. Il se reprend ainsi. Doucement, il détourne encore une fois la conversation. Il parle d'une femme qui, émue par son sort, lui écrit. Je saisis la balle au bond :

— Qu'est-ce qu'elle te raconte ?

— Eh bien, qu'il faut dire la vérité, qu'il faut dire la vérité.

— Ça, Francis, je te connais, tu ne la diras jamais. Ce n'est pas dans ta nature. Pas vrai ?

Il reste à me regarder sans répondre. Je lui dis que je ne suis pas là pour ça. Je lui rappelle que lors de notre dernière entrevue, il m'avait demandé de revenir, alors je repasse avant de rentrer définitivement en Bretagne. Le plus sérieusement du monde, il me demande alors de faire une enquête sur les courriers qu'il reçoit. Il a l'impression que certaines de ces lettres proviennent de journalistes à la recherche d'informations... Cela me fait sourire un instant. Nous évoquons ensuite sa vie en famille, la mort de sa mère alors qu'il avait 26 ans.

Il parle de son père à qui il en veut d'avoir refait sa vie. Il prétend lui écrire, mais n'avoir pas de réponse. Puis il reparle de son alcoolisme chronique, qu'il fait débuter à l'âge de 17, 18 ans. Irrémédiablement, même en évitant le mot, nous en revenons à parler de crimes :

— Quand t'avais fait tes trucs, tu les oubliais vite ?

— Ouais.

— Comment ça se passait ?

— Eh bien, je voyais rouge. Clac !... Et je revenais à moi. Puis je partais. Le lendemain, je ne me rappelle plus ce que j'ai fait.

— Tu t'en rappelles, puisque tu donnes tous les détails. Comment ça se passe ?

— J'y pensais plus.

— Ce n'était pas grave ?

— Non, voilà.

— Tu me disais que tu découpais les articles de journaux.

— Oui.

— Même sur les meurtres que tu avais commis ?
— Non, non.
— Tu n'as jamais découpé sur tes meurtres ?
— Non.
— Pourquoi ? Parce qu'en 84, par exemple, pour la petite de Pont-à-Mousson, il a dû y avoir des articles dans les journaux.
— Oui, j'ai lu les articles.
— Tu les as lus ? Tu n'avais pas peur ?
— Non.
— Et le premier que tu as fait comme ça, tu l'as oublié ou ça t'a travaillé longtemps ?
— Je sais que... c'est vrai... ça m'a travaillé.

Pont-à-Mousson, toujours... Je ne suis pas certain qu'il le fasse volontairement pour fuir la discussion, mais la simple évocation des vieilles affaires lui fait penser au crime. Il lui revient alors en mémoire des épisodes très précis. Il en parle spontanément.

Nous poursuivons notre discussion. Je lui dis que je ne crois pas qu'il s'agisse là de son premier meurtre. Il m'observe.

— Mais le tout premier que tu as fait, tu as eu peur quand même, après ?
— Oui, j'ai eu peur.
— Le tout premier, t'étais tout seul, tout seul ?
— J'étais seul.
— Je sais lequel... Et toi aussi.

Francis Heaulme prend un air grave et recule sur son tabouret. Je lui dis que cela n'a plus d'importance. Que je ne suis pas là pour cela. Mon enquête est terminée.

— Je dirais que c'est un homme. C'est pas vrai ?
— Ouais, c'est un homme.
— Il était âgé, c'est pas vrai ?

Il acquiesce.

— Tu vois, je l'ai compris depuis longtemps. Tu m'en as parlé depuis longtemps. J'en ai parlé à personne. Le premier, je sais comment il s'appelait.

— Ah, j'ai oublié... C'est lointain, j'étais mineur.

Bouboule, son ancien voisin, la première victime de ces rêves de violence ? Je lui demande quand sa deuxième crise s'est produite. Francis Heaulme répond :

— Après la mort de ma mère.

— C'est là que c'est parti ?

— Là, c'était foutu. Je me suis dit : je vais en éliminer, je vais en liquider.

C'est ma dernière visite et je ne souhaite pas revenir sur les faits. Je décide de couper court et pose une ultime question :

— J'aimerais savoir ce que tu ressens lorsque tu es confondu sur une affaire.

— Cela ne me fait rien, dit-il calmement, comme surpris d'une telle question.

Sans avertissement, il change de sujet. Passe au suicide de son codétenu. Un homme vieillissant, condamné pour des affaires de mœurs, malade et handicapé, dont il a souvent dit que la mort était ce qui pouvait lui arriver de mieux. Là encore, toutes mes alarmes se mettent au rouge. À quoi joue-t-il ? Cherche-t-il à m'indiquer qu'il ne s'agit pas d'un suicide ? Pire, qu'il est l'auteur d'un nouveau meurtre ? J'ai pourtant lu les constatations rédigées il y a quelque temps : elles ne semblent pas discutables.

Il est bien question d'un suicide. Je n'ai pas envie de me laisser entraîner sur ce nouveau terrain. Je préfère parler avec lui d'autre chose. Ses brèves aventures féminines, par exemple. Il a peur des femmes mais ce problème n'a toutefois jamais influencé son comportement. Il n'est pas la cause de ses pulsions meurtrières, c'est l'alcool. En pensant à un ou deux dossiers lus à Rosny-sous-Bois, de crimes commis en pleine foule, je lui demande :

— Ça t'est arrivé de faire un truc devant des gens ?

— Quand j'ai envie de quelque chose, je le veux, je le prends. C'est dans la tête.

Le ton employé est péremptoire.

— À n'importe quel prix ?

— Ouais. Quand je veux quelque chose, je l'ai.

Cet homme n'a pas de limite. Son niveau de dangerosité est incroyable.

Avant de nous séparer, je lui demande si nous allons encore nous combattre lors des prochains procès d'assises, comme à Quimper.

— On verra, répond-il, distant, et il se lève.

Un bref salut et il est déjà sur le pas de la porte. Pas un mot de plus, pas un regard, pas un geste qui diffèrent de l'ordinaire. Cette dernière visite ressemble à s'y méprendre à la première. Et puis tout à coup, sur le point de passer la grille qui va définitivement nous séparer, il se retourne et dit :

— Tu verras, François, on se retrouvera. Je sais que je te reverrai toujours !

En un instant, il disparaît sans que j'aie trouvé quelque chose à répondre. Encore une fois, il fuit. Trois années plus tard, à la cour d'assises de Draguignan, son comportement confirmera qu'il s'avère impossible d'ébrécher la carapace dont il s'entoure.

13

Acquittement et perpétuité

Dans les mois qui suivent, Francis Heaulme va passer de cour d'assises en cour d'assises. Je n'assiste pas à toutes ces audiences. À Metz, il est condamné à la réclusion à perpétuité, assortie d'une peine de dix-huit années de sûreté, pour le meurtre de la jeune Laurence. Le cousin écope au passage de vingt ans de prison. Une variante notable dans le discours de l'accusé apparaît : au cours du procès, Francis Heaulme déclare « bien aimer son père qui a cherché à l'aider ». Cette rectification est plus conforme aux éléments recueillis au cours des investigations.

Un autre élément inconnu concernant Francis Heaulme est révélé. Lors d'une expertise médicale, une anomalie génétique rare, le syndrome de Klinefelter, a été décelée. Son patrimoine génétique est composé d'un chromosome féminin supplémentaire. Cela n'est pas sans conséquence. Outre une malformation physique l'empêchant d'avoir des rapports sexuels complets, un sentiment d'infériorité et une confusion dans ses attirances sexuelles perturbent son comportement. Évidemment, pour un enquêteur, cela peut expliquer l'approche sexuelle incomplète de certains crimes et les choix aléatoires de ses victimes, hommes ou femmes. Mais les experts sont formels, cette anomalie n'est pas la cause des comportements déviants. Le discernement de Francis Heaulme n'est pas altéré. Ce n'est pas le syndrome du tueur en série. Bien entendu, son avocat ne partage pas cette analyse.

En février 1994, une surprise de taille arrive de la cour d'assises de Bordeaux. L'affaire du jeune appelé de Périgueux s'est conclue par un acquittement général. Les jurés n'ont pu faire le tri pour un même meurtre entre les deux hommes désignés par l'enquête policière initiale et le duo de criminels reconnus, Francis Heaulme-Didier G., amené par les gendarmes. Le défaut de preuves matérielles, les témoignages changeants, des accusés assistés de défenseurs aguerris à ce type de procès n'ont pas simplifié la prise de décision. Francis Heaulme confie, non sans ironie, à qui veut l'entendre qu'il n'a toujours pas compris une telle décision. Il était certain d'être condamné.

Au fil du temps, je suis appelé sur d'autres enquêtes, à poursuivre d'autres criminels. Heaulme sort lentement de mon esprit. La cellule n'est plus active depuis la fin du premier procès à Quimper. Quelques services formulent encore quelques demandes d'assistance, mais elles sont régulièrement rejetées, au motif que je ne travaille plus sur Francis Heaulme. Ma hiérarchie est toujours la même et le sujet reste tabou. Heureusement, grâce aux contacts directs qu'affectionnent les enquêteurs, quelques affaires se règlent tout de même par téléphone. Il faudra attendre 1997 pour que le tueur d'Aline entre à nouveau dans ma vie. Au mois de mai, je reçois une citation à comparaître devant la cour d'assises de Draguignan.

Les hasards de l'actualité placent ce procès au moment où l'affaire Dutroux secoue la Belgique. Là-bas, les meurtriers d'enfants font l'actualité. Joris est un petit

Flamand et on sait que Francis Heaulme connaît la Belgique. Il n'en faut pas plus pour qu'une myriade de journalistes étrangers se manifestent et tentent de me rencontrer. Je me replonge rapidement dans le dossier. Mes collègues d'Aix-en-Provence le confirment, aucune évolution dans l'affaire n'est intervenue depuis la mise en examen. Francis Heaulme est bien revenu sur ses aveux et son complice n'a pu être confondu. Encore une fois, l'affaire s'annonce délicate mais, à la différence du premier procès, chacun connaît aujourd'hui le personnage. Le démasquer semble possible car il est permis d'évoquer l'ensemble des affaires jugées, ses rétractations ne m'inquiètent plus.

Au moment de quitter Rennes pour la Côte d'Azur, le commandant de la SR m'impose de me rendre à Draguignan par le train. Un mouvement de grève à la SNCF paralyse pourtant le réseau Sud et, surtout, il n'y a pas de gare dans cette ville. J'en fais la remarque, mais rien n'y fait. Je récupère son ordre écrit et le conserve pour un éventuel bêtisier. Finalement, je prends ma propre voiture.

À la BR de Draguignan, deux collègues m'attendent pour une mise au point importante. Nous préparons nos interventions à la barre. Les constatations, les recherches locales seront évoquées par la BR locale. Les autres recherches traitées par la SR sont clairement dissociées. La personnalité de Heaulme et le déroulement de sa dernière audition me sont attribués. Cette répartition a pour objectif d'être le plus clair possible à l'audience. Elle évite les malentendus. Chacun évoque l'orientation qu'il a personnellement traitée et peut ainsi être soumis au feu des questions sans perdre pied.

Le 21 mai 1997, à 9 heures, nous sommes devant l'entrée de la cour d'assises du Var. Ce Palais de justice est bien différent de celui de Quimper.

La pièce est vaste et lumineuse. La cour ne surplombe que légèrement la barre, les bancs des parties civiles font face au box de l'accusé. L'atmosphère n'est pas oppressante, j'ai l'impression d'être dans une salle de classe. Francis Heaulme entre, entouré de deux jeunes policiers portant combinaisons et rangers noires. Toujours aussi grand, il est vêtu d'un éternel pull-over gris et blanc déformé, enfilé sur un gilet pare-balles qui le rend encore plus rigide. Engoncé dans sa protection de Kevlar, il est droit comme un i. Les mains dans le dos, il se place face aux parents de l'enfant qui le dévisagent. Les lèvres pincées, il plante son regard dans leurs yeux.

Suit l'immuable rituel de la composition du jury. L'appel des témoins est rapide. Tous sont renvoyés au lendemain, voire plus tard, sauf moi. Le président demande à l'huissier de m'isoler, m'expliquant qu'il m'entendra à deux reprises : aujourd'hui sur la personnalité de Francis Heaulme, puis à un autre moment en qualité d'enquêteur. Pendant ce temps, l'accusé observe avec attention la salle. Il fixe certains témoins, notamment le personnel de l'hôpital d'Antibes où il a séjourné au moment des faits. Le président s'adresse alors à l'accusé :

— Monsieur Heaulme, avez-vous quelque chose à déclarer avant que nous commencions ? demande-t-il.

Mécaniquement, il répond :

— Non, ça va, je suis habitué aux assises maintenant.

Au ton employé, je comprends qu'il est prêt à se battre. Pendant la matinée de cette première journée d'audience, je reste seul dans une pièce. Par la fenêtre, j'observe la vie d'un marché provençal, le temps passe. J'apprendrai plus tard qu'au même moment la lecture des éléments de l'enquête bouleverse les parents, mais c'est la jeune psychologue chargée de leur soutien qui quitte la salle en pleurs. Dans cette affaire d'assassinat d'enfant, il est manifeste que Francis Heaulme a bénéficié de l'aide d'un complice, notamment pour arriver jusqu'au lieu du meurtre. Plusieurs autres éléments de l'enquête le mettent en évidence, mais il n'y a aucune preuve et Heaulme n'a jamais jusque-là donné son nom. Le président commence son interrogatoire :

— Monsieur Heaulme, racontez-nous ce que vous avez fait la journée du meurtre.

Heaulme répond d'une voix claire et d'un ton assuré :

— J'étais à l'hôpital de la Fontonne à Antibes, je jouais aux cartes. Trois malades ont triché, je me suis battu. Des infirmiers m'ont maîtrisé et je me suis calmé. Ensuite, dans l'après-midi, je suis parti en voiture à Grimaud avec un des infirmiers du centre. Il devait faire des réservations de bungalows pour une sortie organisée. J'ai profité du voyage.

Le président saisit l'occasion :

— Comment s'appelle cet homme, celui avec qui vous êtes parti en voiture ?

Heaulme répond :

— J'ai le nom, mais je n'arrive pas à le dire. Il était ce matin dans la salle.

Le président propose un nom et l'accusé répond que ce pourrait bien être celui-là. Laborieusement, l'audition se poursuit puis, soudainement, le climat change. Francis Heaulme se lance tout à coup dans une nouvelle description de la scène du crime :

— Le gamin n'était pas mort. Celui qui était avec moi est revenu. Il a vu le gamin. Il m'a dit : « Il faut s'en débarrasser. » Je lui ai dit : « Non, il faut l'amener à l'hôpital. » L'homme a voulu me frapper et a ajouté : « Si tu dis quelque chose, je te tue. »

Dans la salle, la tension monte d'un cran. Pour éviter un quelconque incident, le président décide de cesser l'interrogatoire momentanément. Il invite la mère de la jeune victime à témoigner. Cette démarche est fréquemment souhaitée par les parties qui veulent faire état de leur souffrance. Ces instants sont craints, car ils sont souvent la source de débordements de toutes sortes. La tension monte encore d'un cran. Une jeune femme vêtue de blanc, mince, les yeux rougis et cernés, arrive à la barre. La mère du petit Joris tient à la main trois feuillets qu'elle commence à lire lentement avec un léger accent :

— Monsieur le président, mesdames et messieurs du jury, depuis des mois, je savais que dès que l'on ferait entrer l'inculpé dans la salle d'audience, je porterais mon regard sur ses mains. Ces mains qui ont tué mon enfant avec sang-froid. Ce fut un choc : ces mains maigres étaient des mains qui devaient construire, pas démolir. Mais c'est dans la pensée et l'esprit que la méchanceté et la perversité existent. Pourquoi, pourquoi ? C'est une question à laquelle on n'aura jamais la réponse. Cette question nous poursuivra toute notre vie. Une vie qui est tout à fait bouleversée, qui ne sera plus jamais comme avant.

Après une longue respiration, elle reprend :

— Il y a huit ans, nous étions une petite famille très heureuse. Steven avait 15 ans, Joris 9 ans. Depuis ce 5 avril-là, notre vie quotidienne est une lutte permanente contre le vide, la détresse, l'impuissance et l'absurdité de la mort de Joris. Joris devait encore commencer sa vie, la vie qu'il aimait tellement. Tous les espoirs lui étaient permis, son avenir lui appartenait. Hélas, il était comme un ruisseau étincelant, passant de temps en temps par des cascades et des rapides. Ce ruisseau n'atteindra jamais la mer.

La mère de Joris marque une pause. Elle semble épuisée, mais à nouveau elle enchaîne :

— Pouvez-vous imaginer ce que Joris a dû subir ce terrible soir ! La découverte des choses inconnues, c'était sa passion. Mais dans la poursuite de son exploration de la vie, qui n'en était qu'au début, il n'a pas eu sa chance. On l'a privé brutalement de sa vie, d'une façon si lâche.

Regardant les jurés puis la salle, elle continue :

— Nous savons que Francis Heaulme a un complice et qu'on ne le trouve pas. À lui, je veux dire ceci : Je ne comprends pas comment vous pouvez vivre avec un tel secret. Je sais que tôt ou tard vous serez puni, ne fût-ce que par votre conscience qui vous tourmente. Si vous avez des enfants, pouvez-vous les regarder droit dans les yeux ?

Puis, lentement, elle se tourne vers Francis Heaulme.

— Et à l'inculpé je veux dire ceci : Vous adoriez votre mère. Heureusement pour elle, elle est décédée et j'en suis contente, contente qu'elle ne doive plus survivre à ceci. J'ai pitié d'elle parce que pour une mère, c'est affreux de savoir que son enfant est capable de tuer des êtres humains, un enfant innocent. Il est grand temps que l'inculpé soit condamné. Depuis huit années, il dirige notre vie, il en tire les ficelles. Mesdames et messieurs du jury, depuis quelques années la France a voté une loi concernant la peine requise pour les tueurs d'enfants. Appliquez-la ! Monsieur le président, au nom de toutes les victimes de cet inculpé, au nom de leurs familles et surtout au nom de Joris, je vous en prie, veillez à ce que cet homme ait en prison un traitement psychologique efficace, qu'il soit soigné sérieusement afin qu'il ne puisse jamais recommencer. Il faut à tout prix éviter qu'il fasse d'autres victimes. (...) Pour nous, c'est déjà trop tard. L'inculpé a donné à Joris la peine de mort, et à nous, son papa, sa maman et son frère, la perpétuité. Nous devons continuer à vivre dans un chagrin difficilement supportable, avec une ombre qui nous poursuit infiniment, avec Joris à côté de nous. Mon mari et moi, nous n'avons jamais connu la haine, mais notre combat, c'est d'éviter que d'autres parents vivent le même enfer. Monsieur le président, mesdames et messieurs du jury, nous vous prions d'en tenir compte lorsque vous prononcerez votre jugement.

Sans un bruit, cette femme regagne sa place. Certains jurés ont les larmes aux yeux, comme beaucoup d'autres personnes dans la salle. Le président s'empresse de rebondir et s'adresse à Francis Heaulme :

— Il faut lui dire, à elle, qui était avec vous. Dites-le-lui, monsieur Heaulme !

Imperturbable, il répond :

— C'est M. B. La voiture qui lui appartenait est une Fiat bleue. Si je l'ai innocenté lors d'une confrontation, c'est parce qu'il m'avait menacé de mort.

Dans la salle, la surprise est totale. B., un des infirmiers de l'hôpital cités à comparaître, doit témoigner demain.

Les psychologues et psychiatres déposent à leur tour. Des expertises conformes aux précédentes. L'un des médecins présente toutefois Heaulme avec une intelligence à la limite de la normalité. Le spécialiste évoque le syndrome de Klinefelter. Il parle d'aberration chromosomique, et se lance dans un long développement. La défense tente alors d'utiliser l'information. Selon l'avocat, il est plus que probable que cette anomalie soit à l'origine de la conduite pathologique de son client. Pour lui, Heaulme ne peut être considéré comme normal et, de ce point de vue, il ne peut également pas être jugé responsable. L'expert refuse d'apporter son crédit à cette thèse.

Lorsque l'huissier me conduit vers la barre, je ne sais rien de ce qui vient de se passer. Je suis plus détendu qu'au procès de Quimper. Heaulme est en prison pour une longue peine et quoi qu'il se passe ici, il n'est pas près de sortir. Au cours de ma déposition, je reprends les diverses affaires où l'accusé apparaît et signale l'évolution de son comportement. J'explique qu'il s'adapte aux interlocuteurs et part de la version la plus floue pour conclure dans l'infinie précision.

— Quel a été son comportement en ce qui concerne l'affaire qui nous occupe ? me demande le président.

— C'est un manipulateur. Il connaît le nom de la personne qui l'accompagnait le jour du meurtre, mais il ne le dira pas. Cela se retournerait contre lui. C'est la première fois qu'il est jugé pour le meurtre d'un enfant. Il ne veut pas avouer l'inavouable pour lui.

L'accusé ne me quitte pas des yeux, mais ne réagit pas. Personne ne fait de commentaire. Cette première journée est également marquée par l'intervention de Pierre Gonzalez de Gaspard qui demande un renvoi du procès. Il souhaite que soit ordonné un supplément d'information afin d'identifier le deuxième homme. L'audience est malgré tout maintenue.

Le lendemain, chacun attend l'arrivée à la barre de l'infirmier mis en cause par Francis Heaulme. Il a pourtant été innocenté au cours de l'enquête initiale, mais la confrontation tant attendue va tourner court.

Le président appelle plusieurs membres du personnel de l'hôpital d'Antibes. Rapidement, il organise un « tapissage », selon le jargon des spécialistes. Il place les six témoins face à l'accusé. Leur stress est visible. Ils se connaissent tous et se regardent gênés.

— Votre complice est-il l'une des personnes qui sont devant vous, monsieur Heaulme ? demande le président.

— Oui ! répond-il sans hésitation, et il désigne du doigt un des infirmiers. C'est lui ! ajoute-t-il.

L'homme, le visage décomposé, reste seul à la barre. Sa tension est palpable.

— Monsieur Heaulme, ce n'est pourtant pas la même personne que vous avez dénoncée hier ! fait remarquer le président.

Un murmure parcourt la salle. Quelques instants plus tard, le présumé complice est mis hors de cause par les éléments de l'enquête.

— Je vous dis pourtant que mon complice est bien là, dans la salle, insiste Francis Heaulme.

C'est l'effervescence. L'exaspération est à son comble et dans un brouhaha une seconde identification est organisée. Une nouvelle personne est à son tour désignée. Une fois encore, confronté à la réalité des faits, l'homme dénoncé s'avère ne pas être le fameux complice. Cette situation aberrante ne semble pas gêner Francis Heaulme, bien au contraire. Indifférent, il déclare :

— Je ne sais plus maintenant, je ne me rappelle plus.

Le président finit par renoncer. C'est à mon tour et à celui de mes deux collègues de déposer. Les uns à la suite des autres, nous passons en revue la multitude de détails qu'il nous a fournis. Nous expliquons comment il a parlé d'un « arbre devenu mou », puis décrit avec une extrême précision la scène du crime et le meurtre lui-même. Au cours de la déposition du premier de mes collègues, Francis Heaulme se permet une incroyable remarque au sujet du nombre de coups de tournevis que l'enfant a reçus. De son ton le plus froid, il dit :

— Ce n'est pas quatre-vingt-quatre, mais quatre-vingt-trois coups qu'il a reçus.

Dans la salle, les spectateurs se contiennent difficilement. Au terme de nos dépositions, Francis Heaulme ne peut plus nier sa participation au meurtre. Je rejoins ma place dans la salle d'audience. Je souhaite suivre la fin des débats, notamment les témoignages des responsables de l'hôpital.

Le président va longuement les interroger. Comme beaucoup, il a du mal à comprendre pourquoi rien n'a été apparemment entrepris par l'équipe soignante lorsque Francis Heaulme est rentré le soir du meurtre. Ne clamait-il pas à qui voulait l'entendre : « J'ai tué, j'ai tué ! » ? Mais il se heurte à une seule et même réponse que reprennent unanimement médecins et infirmiers : « Secret médical. » Rien n'y fait, le président lui-même ne peut aller à l'encontre de la loi.

Nous n'en saurons pas plus, ni même pourquoi le carnet de bord de la voiture que Francis Heaulme dit avoir prise avec un des membres du personnel de l'hôpital est le seul introuvable. Avec un de mes collègues, nous apercevons le complice de Francis Heaulme. Au cours de l'enquête, nous avons manqué d'éléments pour le confondre. Il est visible qu'il a peur. Ses yeux fuient les nôtres. Pas un instant ne se croiseront nos regards. Je ne peux m'empêcher de penser alors à toute cette horreur qu'il a laissé faire.

Je réalise également que Francis Heaulme a franchi un nouveau palier. À défaut d'interlocuteur privilégié, il s'amuse à l'audience avec les témoins et les magistrats.

Il a remarqué que seuls les faits du jour sont traités, or ils ne sont compréhensibles qu'en abordant le problème dans sa globalité. Heaulme s'évertue à créer l'incompréhension autour de lui. D'ailleurs, ne l'annonçait-il pas lorsqu'il affirmait « avoir l'habitude des assises » ?

Les jurés de Draguignan ne délibéreront pourtant pas longtemps et le verdict rendu sera le plus lourd jamais prononcé à ce jour contre Francis Heaulme : la détention perpétuelle assortie de trente années de sûreté. Lors de ma sortie de la salle d'audience, la mère de la jeune victime s'approche de moi.

— Je voulais vous remettre mon témoignage, dit-elle en me tendant les trois feuillets.

Touché par ce geste, je ne sais quoi lui répondre. Elle repart aussitôt, très éprouvée, soutenue par un époux guère plus vaillant. Ils croisent alors plusieurs membres du personnel de l'hôpital d'Antibes. Les regards qu'ils échangent traduisent le même épuisement. Leur rencontre avec l'accusé marquera certainement chacun d'eux d'une trace indélébile, avec une terrible certitude qui va sans doute les poursuivre pendant longtemps : le complice de Francis Heaulme a réussi à échapper à la justice.

14

La promenade en vélo

Novembre 1997. En cette matinée d'automne, je suis loin d'imaginer la tempête que va provoquer l'ouverture d'une enveloppe placée parmi mon courrier professionnel. Une lettre à en-tête d'un cabinet d'avocats parisien, signée de maître Estelle Dubois, reprend en quelques lignes l'histoire d'un terrible fait divers. Elle précise qu'un jeune garçon de 16 ans, Patrick Dils, s'est accusé d'un crime qu'il a ensuite nié. Il se surnomme depuis « l'innocent incompris ».

De prime abord, il s'agit d'une simple demande d'un défenseur convaincu de l'innocence de son client, condamné, en janvier 1989, pour un double meurtre d'enfants. Elle m'est adressée car cet avocat s'intéresse vivement à Francis Heaulme. La manière dont ces enfants ont été tués ressemble étrangement à celle du tueur en série. Du moins selon ce qu'elle a pu en lire dans la presse. En quelques lignes, l'avocate résume le crime : deux enfants tués à coups de pierre, retrouvés un dimanche sur un petit chemin longeant une voie ferrée, à Montigny-lès-Metz. Francis Heaulme se trouvait-il éventuellement sur place ou à proximité le jour du meurtre des enfants ? C'était le 28 septembre 1986.

La question me laisse perplexe. Je repense à ce jour de 1992 où à la maison d'arrêt de Brest, j'avais dû stopper Francis Heaulme lorsqu'il racontait, les unes après les autres, ses « petites histoires ». Toutes correspondaient à des homicides identifiés, sauf une. Elle concernait une promenade en vélo. Je me souviens encore de chaque mot.

« Il y a longtemps, un dimanche, je passais à vélo dans une rue. C'était dans l'Est. Il y avait des maisons sur la gauche. À droite, il y avait un talus et une voie de chemin de fer. Deux gamins m'ont jeté des pierres lorsque je suis passé. Au bout de la rue, il y avait un stop, un pont et des poubelles. Je suis parti. Lorsque je suis revenu plus tard, j'ai vu le corps des gamins morts près des wagons. Il y avait aussi des policiers et des pompiers. »

À l'époque, aucun rapprochement n'avait pu être réalisé. Intrigué, je décide de consulter l'itinéraire reconstitué de Francis Heaulme. Avec surprise, je constate sa présence à proximité de Montigny-lès-Metz au moment indiqué.

Après tout, ce n'est peut-être qu'une simple coïncidence. De toute façon, il n'y a pas assez d'éléments pour en tirer une quelconque conclusion. Cette petite histoire est pourtant concordante. Et si je n'avais pas cherché au bon endroit ? Je vérifie une nouvelle fois sur les bases de données des fichiers relatifs aux affaires non résolues. Aucun fait similaire à ce double crime n'existe. Rien, il n'y a rien de comparable. Ce n'est par conséquent pas un type de crime courant.

J'effectue alors la démarche inverse : le tri informatique des crimes résolus commis à l'encontre d'enfants près d'une voie de chemin de fer. Seule une réponse apparaît. Le listing édité par l'imprimante est succinct. Il reprend les points clés du double crime de Montigny-lès-Metz. Les lieux décrits par Francis Heaulme correspondent exactement à ceux de ce crime d'enfants. À l'évidence, le tueur parlait de cet endroit, donc de ces victimes.

Je repense alors aux transpositions qu'il n'a cessé de faire tout au long de nos conversations. Comme pour Bouboule, à qui il faisait jouer différents rôles suivant les dossiers traités. Dans l'affaire Joris, Heaulme me parlait d'« un enfant qui lui avait jeté des pierres après l'avoir insulté ». Nous savions que ce jeune Belge ne l'avait pas fait, alors de qui parlait-il ? Nous étions tellement conscients de l'importance de cette révélation que des recherches par hélicoptère avaient été organisées, afin de découvrir des endroits avec des poubelles et un pont, où Joris aurait pu être tué. À l'époque, aucun élément de cette nature n'avait été identifié. Et pour cause...

Un autre détail me revient. Entendu dans le Var, Francis Heaulme disait avoir rencontré une infirmière de Montigny-lès-Metz à l'hôpital d'Antibes. C'était faux. Que fallait-il réellement comprendre, sachant que ses mensonges ne sont pas aléatoires ?... Le lien entre sa petite histoire et ce double meurtre me semble maintenant évident, mais que faire de ces éléments ? L'affaire de Montigny-lès-Metz est jugée. Répondre à ce courrier, c'est, de façon implicite, remettre en cause le jugement. Patrick Dils, le plus jeune condamné à perpétuité, victime d'une erreur judiciaire ? Et, encore au centre de l'horreur, Francis Heaulme, à nouveau en tueur d'enfants. L'enjeu est de taille et je suis conscient des problèmes que peut soulever ma démarche, mais je n'ai pas d'autre choix. Il faut lever tous les doutes.

J'en parle à ma hiérarchie directe. Heureusement, depuis quelques mois, ceux qui dirigent la SR de Rennes ne sont plus les mêmes. Toutefois, le problème posé dérange. Le procès-verbal que je remets à mon chef de service, afin qu'il soit transmis au procureur de Metz, reste bien à l'abri sur un coin du bureau et les mois passent.

Malgré mes demandes, personne ne semble savoir ce qu'est devenu ce document. A-t-il été transmis au procureur ou pas ? Mystère... Quoi qu'il en soit, la presse l'apprend et provoque un véritable déchaînement. La plupart des journaux évoquent la perte d'un mystérieux procès-verbal rédigé par un gendarme de Rennes. Cette pièce pourrait remettre en cause la condamnation de Patrick Dils pour le double meurtre de Montigny-lès-Metz. Ma surprise est totale. Deux jours plus tard, le PV en question arrive au tribunal de Metz, après un étonnant transit par celui de Brest. Il lui aura fallu trois mois pour atteindre sa destination.

Hasard ou pas, les avocats de Patrick Dils se saisissent du document et déposent aussitôt auprès de la cour de Cassation un pourvoi en révision. Il n'en faut pas plus pour que je me retrouve, en janvier 1998, à Paris, dans le cabinet d'un conseiller de la haute juridiction. Cet homme d'expérience est chargé d'instruire cette nouvelle procédure. Les convocations d'officiers de police judiciaire à ce niveau de l'institution ne sont pas fréquentes. L'accueil en ce lieu est solennel. Je pense devoir encore caractériser, point par point, le comportement de Francis Heaulme au cours de ces années d'enquêtes afin d'expliquer les motifs de ce procès-verbal. L'entrée en matière n'est pourtant pas celle que j'imaginais. Le haut magistrat se montre distant, presque sévère. Puis, au moment d'aborder l'origine du PV, il me lance :

— Ce n'est pas parce qu'un fou dit n'importe quoi qu'il faut écrire n'importe quoi.

Je n'en reviens pas. Je ne sais pas comment interpréter ces propos. Est-ce à cause de la pression médiatique, des difficultés qu'une révision de procès engendre ? Je réponds :

— D'abord, Francis Heaulme n'est pas fou. Il a été expertisé, puis contre-expertisé à peu près une vingtaine de fois. Ensuite, ce qu'il dit correspond toujours à quelque chose qu'il a fait. Ses propos ne peuvent être pris à la légère.

Ainsi débute un entretien pour le moins tendu. Près de trois heures plus tard, lorsque je quitte le Palais de justice de Paris, j'ai l'impression de sortir d'un examen dont j'ignore le résultat. Mais le plus important est que tout a été dit sur le personnage Heaulme. Une nouvelle convocation est prévue pour établir définitivement mon procès-verbal. L'attitude du haut conseiller était certainement dictée par la prudence, en raison de l'importance de l'enjeu. Sans doute voulait-il évaluer ma crédibilité et vérifier personnellement certains points évoqués.

Un mois plus tard, je suis de retour sous les dorures de la cour de Cassation. L'entretien est toujours aussi strict. À certaines allusions, je comprends que le magistrat pense entendre lui-même Francis Heaulme.

J'imagine la rencontre de ces deux hommes que tout oppose. Je crains qu'il n'en sorte pas grand-chose d'utilisable. Au moment de signer mon audition, je me décide à poser une question :

— Savez-vous si les victimes de Montigny-lès-Metz jetaient des pierres aux passants ?

C'est la greffière qui me répond :

— Oui, il y a des témoignages qui en parlent.

Cela confirme que Francis Heaulme a bien vu les enfants. Cet élément ne figure pas dans les messages de police, ni dans la presse de l'époque. Quelques semaines plus tard, Francis Heaulme est entendu.

Les défenseurs de Patrick Dils alertent la presse. Les gros titres parlent de l'erreur judiciaire du siècle. Rapidement, ce rebondissement place à nouveau le tueur de Metz à la une des journaux. J'apprends ainsi qu'il a confirmé au magistrat de la Commission de révision le contenu du PV. Mieux, il a livré d'autres éléments, notamment sa tenue vestimentaire le jour du meurtre, et ses amis de l'époque. Avec toujours le même souci du détail.

De nouvelles recherches sont nécessaires. La poursuite des investigations est confiée à la police judiciaire de Nancy. Je reste à l'écart. J'ai transmis mes informations. Comme n'importe qui, je prends alors connaissance de la progression du dossier par la presse.

L'homme qui prend la direction de l'enquête n'est autre qu'André M. Ce commandant de police d'expérience avait en charge l'enquête de Pont-à-Mousson. Le comportement changeant de Francis Heaulme et les variations de son discours ne le surprennent pas. Le policier s'appuie une fois encore sur les croquis que le tueur de Metz accepte de réaliser. Le policier en connaît toute la valeur. À son tour, il recueille de précieuses informations sur la présence du tueur en série à Montigny, qui confirme avoir croisé les victimes mais jure qu'il ne leur a rien fait.

Pour des raisons que j'ignore, un changement de service est ordonné au printemps 1999 par les autorités judiciaires. C'est au tour des gendarmes de la SR de Metz de récupérer le dossier. Francis Heaulme retrouve alors Pedro, une vieille connaissance. Il complète les premiers croquis dessinés aux policiers par des détails précis, notamment un chemin qui conduit aux corps des victimes et que nul n'avait décrit jusqu'alors.

Le 3 avril 2001, la cour de Cassation annonce la clôture de l'enquête, ordonne l'annulation de la condamnation de Patrick Dils et son renvoi devant une nouvelle cour d'assises. La présence de Francis Heaulme sur les lieux du crime, le jour des faits, est un élément suffisamment troublant pour réviser l'ancienne procédure. Entre-temps, j'ai quitté la gendarmerie, mais cela ne m'empêche pas d'être appelé à témoigner dans le nouveau procès de Patrick Dils. Le 20 juin 2001, je me retrouve à Reims, à la barre de la cour d'assises des mineurs de la Marne. Une fois de plus, Patrick Dils comparaît devant un jury populaire.

L'homme qui pénètre dans le box des accusés n'est plus l'adolescent timide que les articles de l'époque décrivaient. Patrick Dils a passé plus de la moitié de sa vie en prison. Il a pourtant conservé son air réservé. Je le sens tendu à l'extrême. Il est un peu gauche dans son blazer bleu marine qui semble trop grand pour lui. J'apprendrai plus tard qu'il lui a été prêté à la dernière minute par un de ses avocats.

À la lecture des témoins cités et leur ordre de passage, je constate que, sur le fond, on est en train de refaire le même procès qu'il y a quinze ans. Je sais également que l'enquête n'était pas complètement bouclée. De nouveaux témoins se feront d'ailleurs connaître après le jugement.

Un autre aspect de la situation me surprend. Paradoxalement, Francis Heaulme et moi sommes convoqués en tant que simples témoins. Il n'est pas l'accusé et je ne suis pas l'enquêteur. Je ne le croiserai à aucun moment durant les six jours de ce procès à huis clos. Je sais que Heaulme était à Montigny-lès-Metz ce 28 septembre 1986, qu'il a vu les enfants, leurs corps sans vie. J'ai l'impression d'un monde à l'envers, que l'on se trompe de procès. Je suis hors sujet : on juge Dils et je parle de Heaulme.

À la barre, je m'applique pourtant à expliquer qui est réellement Francis Heaulme. Je souligne les nombreuses similitudes qui relient ses crimes et ce double homicide, mais j'ai l'impression de parler dans le vide. Mes propos semblent ne recevoir aucun écho. Visiblement, ils n'entrent pas dans le déroulement de ce procès. Même le meurtre d'Annick M., à Metz, seulement un mois après cette affaire, ne soulève aucune question.

C'est ensuite au tour de Heaulme de répondre à la cour. Je n'assiste pas à cette audition. Je patiente dans la salle des témoins, dans le cas d'une éventuelle confrontation.

Je prendrai connaissance par la presse des propos qu'il a tenus. En lisant les différents comptes rendus, je constate qu'il est en fait ravi de la situation. Cette fois, il a un rôle sur mesure, lui qui a toujours prétendu n'être que le spectateur des crimes qu'il a commis. À la barre, Francis Heaulme prend d'abord soin de s'adresser à la famille d'une des victimes. Sans l'once d'un sourire, il affirme :

— Je vous donne ma parole d'homme que je n'ai pas tué votre enfant.

Puis il s'adresse au président :

— Je ne peux pas être l'auteur de ce double crime, car je suis croyant. En plus, quand je tue, j'embrasse mes victimes sur le front.

Je sais qu'il affabule. Sans juger de l'authenticité de sa conversion, l'intérêt qu'il porte à la religion date de 1991, lorsqu'il a rencontré son amie, en Alsace, pas avant. Quant aux baisers déposés sur le front des victimes, c'est la première fois que j'en entends parler. Ce détail est des plus intrigants. Pourquoi l'avoir livré ? Cette révélation ne serait-elle pas, a contrario, un aveu déguisé ? Celui d'un homme qui sait, et pour cause, que cet étrange geste était impossible sur ces enfants en raison de leurs blessures ?

Autre petite phrase rapportée par les journaux, Heaulme déclare au président en guise de conclusion :

— Ce n'est pas moi qui ai tué ces enfants, mais je ne crois pas que ce soit Patrick Dils non plus.

Comme un expert, Heaulme donne son avis. Juste avant de quitter le prétoire, il se permettra de souhaiter bonne chance à l'accusé. Naïvement, Patrick Dils le remercie. Je trouve l'ironie du moment cruelle.

La plupart des gens s'attendaient à des révélations fracassantes, à des aveux publics. C'était mal connaître le personnage. De nombreux journalistes parleront de « non-événement ». La déception est grande. Malgré tout, j'espère que mon témoignage a été suffisamment clair pour que les jurés aient compris qui se cachait derrière ce masque de respectabilité. L'avocat général requiert l'acquittement, mais quelques heures plus tard, le verdict tombe. Patrick Dils est de nouveau condamné : vingt-cinq années de réclusion. Tous les espoirs de Patrick Dils, de sa famille, tout à coup réduits à néant, toutes ces blessures ravivées pour rien.

L'accusé fait immédiatement appel de cette décision. Une année passe et cette affaire surgit à nouveau dans l'actualité. En avril 2002, la cour d'assises de Lyon est envahie par une foule de journalistes et de personnes avides d'accéder enfin à l'ensemble des données de cette énigme, puisque la loi n'impose plus le huis clos. Ce troisième procès est exceptionnel. Les débats doivent durer quinze jours.

Deux vérités s'affrontent : les aveux de l'accusé, certes rétractés ; la présence physique sur les lieux du crime d'un tueur reconnu. La justice a donc ordonné un complément d'enquête. Une année durant, les gendarmes de la section de recherches de Metz se sont employés à tout explorer. L'enquête initiale ayant permis de confondre Patrick Dils a été étudiée à la loupe. Rien n'a été épargné. De nouveaux éléments, à charge comme à décharge, la complètent. Dans le même temps, Francis Heaulme a été réentendu et ses versions vérifiées. Des témoins ont été découverts, certains le situant près de la scène du crime. La recherche de la vérité semble avoir été le seul mot d'ordre. La présidente de la cour d'assises de Lyon a communiqué aux parties l'ensemble de ces données. Ce nouveau procès est donc différent des précédents.

Les premiers jours d'audience sont consacrés à l'étude de la personnalité de l'accusé, des faits, des techniques d'enquêtes pratiquées et des charges retenues. Chose rare, les jurés participent activement aux débats. Ainsi, de part et d'autre de la présidente, des petits papiers circulent. Ils contiennent des interrogations restées en suspens. Cette volonté de mettre à jour les circonstances du drame du 28 septembre 1986 n'épargne pas des familles qui subissent, une nouvelle fois, la mise à nu de leurs malheurs.

L'avocat général est le premier à soulever les problèmes de fond. Il fait remarquer au policier chargé du dossier que le laps de temps où Patrick Dils aurait eu l'occasion d'agir est extrêmement court. Il s'interroge sur la conviction policière :

— En dix minutes, il faut vraiment qu'il ait un mobile puissant ! Ça fait vingt ans que je suis aux Assises, généralement on a un mobile dont on peut parler ! Ici, non.

Il relève des inexactitudes, des incohérences dans les explications de Patrick Dils. Il souligne l'absence de vérifications pourtant nécessaires, comme ce témoin signalant le passage d'un homme ensanglanté qui n'est pas l'accusé. Enfin, il relève que Patrick Dils n'a livré aucun élément seulement connu du meurtrier, contrairement à ce que venait d'affirmer l'ancien inspecteur. Mieux, à aucun moment il n'est fait mention du slip baissé d'une des victimes, détail décrit par Francis Heaulme. Pour conclure, l'avocat général lit l'interrogatoire extrêmement circonstancié d'un autre suspect, entendu quelques semaines avant Patrick Dils, qui lui aussi, étonnamment, s'était accusé du double meurtre. Il n'était déjà pas le seul. Cet homme se nommait Henri L. Comme Henri L., l'ami fictif de Francis Heaulme sur la plage du Moulin Blanc...

L'enquête initiale montre ses limites. Malgré tout, le doute sur la culpabilité de Patrick Dils n'est pas complètement levé. Dans la salle d'audience, beaucoup attendent la preuve, l'élément décisif.

Les témoins se succèdent à la barre et l'ambiance varie selon qu'ils confortent l'une ou l'autre cause. À la fin de la première semaine d'audience, les avis sur la culpabilité de l'accusé sont partagés. Finalement, arrive le moment de ma déposition. Ce 15 avril, la présidente a pris soin de me faire citer comme dernier témoin, comme cela, dit-elle, « nous avons tout notre temps pour vous entendre ». Le ton employé, presque maternel, cherche à détendre, mais derrière cette approche se cache la puissance d'une magistrate expérimentée connaissant parfaitement son dossier et les limites de l'être humain.

— La cour est réunie aujourd'hui, nous allons dire un peu à cause de vous, du procès-verbal que vous avez rédigé, alors monsieur, qu'avez-vous à nous dire ?

Le moment est grave. Ce dont je vais parler ne concerne pas l'accusé. Chacun attend. Tous doivent pouvoir évaluer le crédit des déclarations de Francis Heaulme et avoir les clés de compréhension du personnage qui se présentera demain à eux. Expliquer clairement la psychologie de cet homme n'est pas une mince affaire.

Lentement, je retrace l'enquête du Moulin Blanc, les rencontres avec Francis Heaulme. J'évoque les rapprochements entre les faits, sa présence sur les lieux, ses petites histoires décrites en maison d'arrêt, ses rêves sanglants, les transpositions, Bouboule, les protocoles d'auditions, les mots tabous, le rôle des croquis, la cellule... Je tente de ne rien oublier pour poser, au travers d'une apparente complexité, la simplicité de son fonctionnement. Francis Heaulme parle d'une seule et unique histoire, celle de son parcours, dans laquelle il mélange ses crimes. Toute lecture n'a de sens que dans son ensemble. Les étapes récurrentes de ses témoignages sont reprises. À chaque cas, il voit les victimes vivantes, puis assiste à leur agression. Il tente d'intervenir sur l'« autre » et tue parfois. Il se présente toujours comme celui qui voulait faire le bien. S'il lui arrive de reconnaître les faits, ce n'est qu'un instant, puis il se rétracte. Ses aveux n'ont aucune importance en soi, seules comptent les indications vérifiables qu'il fournit. Plus de trois heures s'écoulent. Les jurés font circuler leurs petits papiers, les questions fusent. La présidente m'invite à livrer une analyse sur le dossier de Montigny. J'évoque notamment les similitudes des noms cités : un Henri L. au Moulin Blanc, un autre à Montigny-lès-Metz. Le cas des pêcheurs venant de témoigner à la barre, qui ont transporté Francis Heaulme ensanglanté le jour des faits à bord de leur Renault 4, et ceux de l'affaire Joris qui n'existaient pas.

Les avocats m'interrogent à leur tour. Les représentants des parties civiles critiquent la notion de signature criminelle de Francis Heaulme, soulignée sur le double meurtre de Montigny-lès-Metz. Pourtant, il n'y a rien d'aléatoire dans la façon dont le meurtrier choisit ses victimes et passe à l'acte. Ses choix, conscients ou non, signent son action, au même titre qu'une empreinte. Il est nécessaire d'employer d'autres outils de lecture d'une scène de crime. La signature se retrouve également dans la façon d'évoquer les faits, dans les oublis ou l'aménagement des souvenirs. C'est aussi comme cela que Francis Heaulme et ses complices ont été confondus.

Le 16 avril à 9 heures, le capitaine H. et le chef Thierry P., de la section de recherches de Metz, se présentent à la barre. Ces enquêteurs ont été en charge du supplément d'information et de l'analyse criminelle de l'enquête initiale. La chronologie, les places des témoins sont présentées à la cour en rétroprojection dynamique. Chaque intervenant, l'après-midi des faits, apparaît sur un grand panneau et avance sur le plan du quartier. Ainsi, les jeunes victimes cessent d'être vues vers 17 h 15. À 18 h 30, des membres de leurs familles entament les recherches. À cette heure, Patrick Dils est encore en week-end avec ses parents. Le capitaine H. expose son complément d'enquête. Il indique que Francis Heaulme a donné des éléments sur ce crime et qu'il a vérifié de nombreux points du dossier initial. Cela l'amène à douter de la participation aux faits de Patrick Dils. L'importance de leurs témoignages est telle qu'ils sont soumis à un questionnement incessant. Le capitaine H. ne quittera la cour d'assises que vers 21 heures.

Le 17 avril à 14 heures, lorsque Francis Heaulme apparaît, nos regards se croisent. Contrairement à son habitude, il a du mal à soutenir le mien. Amaigri et visiblement très faible, il ne ressemble plus au personnage que je connais. Ses cheveux poivre et sel, rasés, lui donnent un air de vieillard. Il semble perdu sous son éternel pull gris. Lorsqu'il passe devant moi, je remarque qu'il cherche à se situer. Il ne semble pas dans son état normal. D'ailleurs, peu après qu'il a pris la parole, il demande à s'asseoir. Il précise être sous l'emprise de médicaments pour le traitement d'une phlébite.

Invité par la présidente à exposer ce qu'il a vu le 28 septembre 1986, Francis Heaulme déclare :

— Si j'aurais tué les gamins, je l'aurais dit à Reims. Je ne veux pas m'accuser d'un meurtre que je n'ai pas commis. Là, c'est pas moi. Mon style c'est l'Opinel et j'étrangle à mains nues.

Un long murmure envahit la salle d'audience. L'audition va durer deux heures au cours desquelles Francis Heaulme prétend avoir menti aux gendarmes, puis il s'enferme dans ses contradictions. Il ne veut pas servir de « bouclier émissaire », dit-il. Toutefois, il précise avoir beaucoup pensé à Patrick Dils, avant d'ajouter : « Je pense que ce n'est pas lui. Il est trop jeune. »

Ces débats sont stériles. Soudain, Francis Heaulme évoque un autre crime :

— J'ai toujours reconnu les meurtres que j'ai faits. Je me moque pas des familles, j'ai des remords. Il y a eu une affaire dans le Sud, à Juan-les-Pins, l'affaire Joris. Ce gamin-là, je l'avais étranglé et il y avait un deuxième homme avec moi, un infirmier (il donne le nom). Il a mis l'enfant dans les sapins, c'est lui qui l'a achevé. Il m'a dit après que si je disais quelque chose, il me tuerait. Quand je suis passé aux assises, on m'a présenté des types, je n'ai rien dit. Mais il était là.

Les regards de certains jurés changent. Ils viennent de comprendre. Francis Heaulme donne toujours des éléments supplémentaires, mais sur unc autre affaire. L'audition se termine peu après.

Le lendemain, les plaidoiries des trois avocats des parties civiles se transforment en réquisitoires contre Patrick Dils. Leur conviction ne semble pas avoir été ébranlée par l'ensemble des témoignages et des éléments présentés. Ils tentent d'effacer des esprits des jurés le chapitre Francis Heaulme en insistant sur la précision des aveux de l'accusé. À propos du tueur en série, ils parlent d'un coupable de substitution.

Le réquisitoire de l'avocat général résume le dossier.

— Tout me paraît douteux. Je ne sais pas si les aveux de Patrick Dils racontent un geste criminel ou expriment un fantasme.

Il souligne les « malfaçons » de l'enquête initiale et les entorses au droit. Puis il aborde le cas Francis Heaulme.

— Heaulme n'est pas une météorite qui tombe sur notre affaire. On est obligé de dire que si les enquêteurs de l'époque en avaient eu connaissance, la piste

Heaulme aurait été suivie de très près... Il a toujours confirmé son passage rue Vénizelos. Il connaît admirablement bien les lieux, qu'il décrit de façon parfaite... Cet homme a vu, avant tout le monde, les deux enfants la tête écrasée, l'un d'eux avait le pantalon baissé.

Il reprend l'affirmation du tueur lorsqu'il prétend qu'il ne s'agit pas de son mode opératoire, évoquant l'étranglement à mains nues et l'usage d'un Opinel.

— Il avance le sordide pour se mettre à l'abri de l'horreur, voilà le vrai style de Francis Heaulme.

Il pose ensuite les limites du scénario retenu par l'accusation en son temps contre Patrick Dils. Il ne croit pas aux interprétations d'un psychologue motivant son passage à l'acte par l'effet « Cocotte-Minute », une explosion de violence instantanée, qui ne se détecte et ne se reproduit pas. Pour lui, rien n'est formellement établi dans cette affaire. Enfin, il s'adresse à l'accusé :

— Si vous bénéficiez du doute, ayez de grâce une nouvelle pudeur. Vous avez pris la place du meurtrier, ne venez pas disputer celle des victimes. Vous n'avez été victime que de vous-même.

L'avocat général ne requiert aucune peine.

Le rôle des deux avocats de la défense est déjà réparti. Maître Becker est le défenseur de la première heure. Il s'emploie à souligner les incohérences de l'enquête initiale, les atteintes au droit. Les similitudes avec les aveux passés par deux autres hommes sont reprises. Ces éléments troublent. Il insiste sur la fragilité de son client en 1986, adolescent immature, incapable d'avoir commis ces faits qu'il n'a cessé de nier depuis. Il n'a jamais cru en la culpabilité de son client. Dans le même registre, le second défenseur, maître Florand, reprend les manques du dossier. Il s'interroge sur la probabilité d'une arrivée sur une scène de meurtre de Francis Heaulme sans qu'il en soit l'auteur. Il souligne l'invraisemblance des aveux de Patrick Dils et met en cause le chargé d'enquête de l'époque.

Finalement, c'est l'accusé qui s'exprime le dernier. Il s'adresse à la cour, puis aux familles :

— Monter sur le toit d'une prison, clamer, hurler, ce n'est pas mon style. Je suis Patrick Dils et un Patrick Dils ne le fait pas. Je suis désolé de vous avoir fait souffrir par mes mensonges, mes attitudes. Je n'ai jamais voulu faire souffrir personne. Je suis innocent. Je n'ai jamais enlevé la vie de vos enfants.

Il est 20 h 30, le 24 avril 2002, quand l'acquittement de l'accusé est prononcé. Dans la salle d'audience de ce vieux Palais, une clameur de joie accueille le verdict. La présidente fait cesser ces manifestations qu'elle estime déplacées. Les familles des victimes sont ébranlées, leurs avocats tentent de les réconforter. L'une d'elles fait savoir qu'elle croit toujours en la culpabilité de l'accusé. De son côté Patrick Dils pleure doucement. Puis il se reprend. Les avocats de la défense se félicitent. Le père de l'accusé explose de joie dans les bras de son épouse. Nous savons qu'un événement vient de se produire. Tout va très vite. La salle d'audience se vide dans un chahut joyeux. L'avocat général observe la scène, en arborant un large sourire.

Un profond soulagement m'envahit. La décision prise est courageuse. Je sais que les « rêves » de Francis Heaulme sont désormais compris.

Épilogue

Bien malgré lui, Francis Heaulme a souvent mis en échec l'institution judiciaire et médicale. Pendant des années, cet homme de nulle part a parsemé sa route de victimes, sans jamais être inquiété. Comment un être si simple — à l'esprit dérangé, tel qu'il a souvent été décrit dans la presse — a-t-il pu aussi facilement passer au travers des mailles du filet ? Quel est ce système qui permet à un homme dangereux de séjourner dans des dizaines d'établissements psychiatriques et de reprendre tranquillement son chemin ? Pourquoi nos outils d'aide à l'enquête n'ont-ils pas permis son interpellation rapide ? Sa place est-elle vraiment en prison ?

Bien sûr, nous pouvons penser que ces affaires sont anciennes, et qu'il est toujours facile de critiquer des pratiques des années plus tard. De nos jours, la force du secret médical est telle que les témoins se taisent ou parlent peu. Si le contenu d'un dossier médical peut être exploré, le suivi réel des patients-voyageurs n'existe pas. Ainsi, de multiples informations, constituant autant d'indices significatifs de dangerosité, demeurent enfouies car elles ne sont pas reliées les unes aux autres. Chaque arrivée de malade dans un établissement conduit à la constitution d'un nouveau dossier. Il est alimenté des maux du moment, mais reste à jamais muet au départ du patient. C'est ainsi, le judiciaire et le médical ne se mélangent pas. Dommage, surtout lorsque les experts psychiatres et psychologues nommés par les magistrats évoquent ensuite, devant les cours d'assises, la dangerosité de l'accusé. Combien de personnes l'ont-elles su avant la justice ?

Quant aux techniques d'enquête utilisées, je reconnais qu'elles ont parfois relevé de l'artisanat. De nos jours, le parcours criminel d'un individu n'est légalement retracé qu'au travers de ses condamnations. De ce fait, lorsque la personne n'a pas d'antécédent judiciaire, nous ne savons rien ou presque. Les crimes présentant un savoir-faire, une signature criminelle, les éléments montrant que l'acte n'est qu'une répétition demeurent dispersés. Chaque enquêteur est saisi d'un fait dont il ne peut sortir. Le juge d'instruction est contraint par cette même règle. Pourtant, l'établissement systématique et la vérification dynamique du curriculum vitae d'un suspect permettraient de mettre à jour un parcours criminel, un itinéraire... Nous y viendrons peut-être.

Fort heureusement, de réelles avancées ont tout de même été réalisées, notamment en matière de police technique et scientifique. Les protocoles de recherches et de prélèvements d'indices sont nombreux et fiables. L'ADN, empreinte par excellence, est déposée par tous à chaque instant. Il suffit de toucher un vêtement, de coller un timbre, de perdre ses cheveux ou de tenir un livre... pour que l'élément identifiant soit découvert. Le fichier ADN, même limité à certaines catégories de délinquants et de criminels, offre une disponibilité d'informations. C'est un avantage certain.

Sur un autre plan, les bases de données ont été améliorées. L'informatique, associée à une saisine plus complète des caractéristiques d'une affaire, permet des rapprochements efficaces. La pratique de l'analyse criminelle sur des dossiers importants a été systématisée dans les services d'investigations. C'est pourquoi d'autres affaires de criminels en série ont été mises au jour.

Toutefois, ce n'est pas suffisant. L'absence de formation des enquêteurs en psychocriminologie se fait sentir. Chaque officier de police judiciaire est prêt à rechercher la preuve, cet élément matériel qui rassure et pose concrètement la participation de l'auteur d'un fait, mais lorsque cet élément fait défaut, seules les auditions de témoins et de personnes soupçonnées le remplacent. C'est là que l'appel à des cultures différentes peut être nécessaire. Comment comprendre et confondre un personnage sur ses actions par un questionnement et des approches classiques alors qu'il ne l'est pas ? Il faut utiliser d'autres outils. La lecture d'une situation criminelle, l'analyse d'un discours, tout doit être mesuré différemment. Ils sont souvent riches d'éléments invisibles pour l'enquêteur ou le magistrat, même si, parfois, ceux-ci les détectent sans pouvoir les nommer. C'est ce que certains appellent l'« instinct » ou le « flair ». Par exemple, le lieu choisi par l'auteur pour agir, la victime... sont autant d'indices renvoyant à la personnalité du suspect. Ces éléments sont à la disposition de l'enquêteur, mais ils ne sont pas forcément appréhendés. Ces approches psychologiques et autres prennent encore plus d'importance dans le cadre d'investigations sur des disparitions de personnes. En cas de suspicion d'homicide, l'absence de corps empêche tout rapprochement entre des modes opératoires, et où chercher ? Ces besoins sont apparus au grand jour lorsque l'institution a fait appel à des criminologues ou à des psychologues experts, privés, pour des interventions ponctuelles. Aujourd'hui, l'évolution est en marche. Quelques psychologues ont rejoint les écoles de police et de gendarmerie, et des universitaires de Rennes ont créé un Institut de Criminologie, ouvert aux enquêteurs des différents corps, magistrats et psychologues experts. Ces personnes vont être formées à l'analyse de situations criminelles. La pluridisciplinarité et l'échange de pratiques, sans remplacer l'enquête traditionnelle, permettront certainement de limiter des parcours criminels du type de celui de Francis Heaulme. Il est envisageable que ce type d'enseignement entre directement dans la formation des différents acteurs de l'enquête pénale.

Aujourd'hui, j'ai tourné la page. Pourtant, je me pose toujours cette question : la place de Francis Heaulme est-elle réellement en prison ?

Ouvrage réalisé à l'initiative de Stéphane Simon

REMERCIEMENTS

A tous ceux qui ont aidé et cru en ces enquêtes

Table

Composition Nord Compo
Impression Bussière en novembre 2004
Editions Albin Michel
22, rue Huyghens, 75014 Paris
www.albin-michel.fr

ISBN 2-226-12232-X
N° d'édition : 23151 – N° d'impression : 044795/4.
Dépôt légal : septembre 2002.
Imprimé en France.